Kurt Eisner

Wilhelm Liebknecht

Sein Leben und Wirken

Eisner, Kurt

Wilhelm Liebknecht

Sein Leben und Wirken

ISBN: 978-3-86267-533-3

Auflage: 1
Erscheinungsjahr: 2012
Erscheinungsort: Bremen, Deutschland

Europäischer Literaturverlag GmbH, Fahrenheitstr. 1, 28359 Bremen (www.elv-verlag.de).

Bei diesem Titel handelt es sich um den Nachdruck eines historischen, lange vergriffenen Buches aus dem Verlag Expedition der Buchhandlung Vorwärts, Berlin (1900). Da elektronische Druckvorlagen für diesen Titel nicht existieren, musste auf alte Vorlagen zurückgegriffen werden. Hieraus zwangsläufig resultierende Qualitätsverluste bitten wir zu entschuldigen.

Cover: Ausschnitt aus einer Porträtaufnahme von Wilhelm Liebknecht aus den 1870er Jahren.

Wilhelm Liebknecht

Sein Leben und Wirken

Unter Benutzung ungedruckter Briefe und Aufzeichnungen

herausgegeben

von

Kurt Eisner

Mit Portraits und Abbildungen

Berlin 1900
Verlag: Expedition der Buchhandlung Vorwärts
(Th. Glocke in Berlin.)

W. Liebknecht

Vorbemerkung.

Wilhelm Liebknechts Leben und Wirken läßt sich nicht auf wenigen eiligen Blättern erschöpfen.

Als ich aufgefordert wurde, eine Broschüre über Liebknecht zu schreiben, hatte ich schwere Bedenken. Sollte nicht einer der alten Weggefährten berufener sein, den Mann zu würdigen, als ich, der nur ein paar Jahre sein Arbeitsgenosse war?

Aber man bestand darauf. Ich hatte den einen Vorzug, der zugleich die triftigste Entschuldigung für mein Unternehmen ist: einige Ferienwochen für freie Arbeit.

Im steten Kampf mit Zeit und Raum — beide aufs Engste begrenzt — habe ich dann den Versuch ausgeführt, durch die bereitwillige und werthvolle Unterstützung der Familie Liebknecht gefördert. Dem Nekrologisten ist schließlich in seiner Arbeit dasselbe Schicksal beschieden, das sein Held in seiner schriftstellerischen Thätigkeit zu erleiden hatte: Auch Liebknecht war stets gezwungen, auf dem Marsch und im Fluge zu schreiben, in der Ferienzeit oder der Gefangenschaft. Das langsame geduldige Reifen verwehrten die drängenden Forderungen des unerbittlichen Tages.

Als Strandfischer nur ziehe ich das Netz, statt es auf hoher See in die Tiefe zu senken. Mag aber auch so der Salzhauch von dem Meere dieses großen Lebens ein wenig in meine Darstellung wehen, die überdacht ist auf einsamen Wanderungen an der stürmenden Nordsee und niedergeschrieben, während der Wind mit den Fenstern klirrend spielte und aus der Ferne, über die blühende Heide hallend, das gewaltige Siegeslied sang der ewigen Bewegung der Kraft.

Wenningstedt auf Sylt, im September 1900.

Kurt Eisner.

I. Ein Kämpferleben.

Ihr seht mich im Gefängniß blos, ihr seht mich in der Grube nur,
Ihr seht mich blos als Irrende (n) auf des Exiles dorn'ger Flur.
Ihr Thoren! bin ich nicht auch da, wo eure Macht ein Ende hat,
Bleibt mir nicht hinter jeder Stirn, in jedem Herzen eine Statt?
In jedem Haupt, das trotzig denkt, das hoch und ungebeugt sich trägt?
Ist mein Asyl nicht jede Brust, die menschlich fühlt und menschlich schlägt?
Nicht jede Werkstatt, drinn es pocht? Nicht jede Hütte, drinn es ächzt?
Bin ich der Menschheit Odem nicht, die schmachtend nach Befreiung lechzt?
Drum werd' ich sein und wiederum voran den Völkern werd' ich geh'n,
Auf eurem Nacken, eurem Haupt, auf euren Kronen werd' ich steh'n!

Wie zwei Welten in der modernen Menschheit unversöhnlich und unüberbrückbar nebeneinander sich entwickeln, die Welt des arbeitenden Proletariats und die Welt der Arbeitsaneigner, so giebt es auch zwei Weltgeschichten, die kaum irgend etwas mit einander gemeinsam haben: die Weltgeschichte der herrschenden Klassen und die Weltgeschichte der Sklaven, die Befreier sind, der Unterdrückten, die zu Erlösern werden.

Die Weltgeschichte der feudal-dynastisch gegängelten Bourgeoisie ragt wie ein finsterer Opferstein aus der Zeit verschollenen Blut= aberglaubens in das friedliche Heiligthum der vom Menschgeist gebändigten, zur Arbeit eingeschirrten Naturkräfte hinein. Ihre Technik ist in der Pfahlbauepoche stecken geblieben, sie wirkt wie ein lächerlich = unheimliches vorgeschichtliches Ungethüm inmitten dieser hellen Zeiten des elektrischen Lichts, des den Raum über= windenden Fernsprechens und Fernschreibens, des der Schwerkraft spottenden, in die Wolken klimmenden Gebäudes aus Eisen und Glas. Diese Weltgeschichte bezieht ihre Mittel aus Museen für Völkerkunde oder aus den Schaubuden von Monstrositäten. Kein Hauch des menschheitlichen Arbeitsertrags der Denker und Forscher hat sie jemals berührt. Sie erschöpft sich in den possenhaften Eitelkeiten eifersüchtiger Wilder und in den läppischen Rangstreitig= keiten höfischer Zeremonienmeister; anthropophag (menschenfresserisch) vergnügt sie sich an der Vernichtung ungezählter Menschenleben, Noth und Elend und Siechthum ist ihr ein lockender Tanzboden. Sie tätowirt sich mit den Abzeichen unersättlicher Grausamkeit und schleppt Waarenlager mörderischer Waffen mit sich, die niedrigsten Instinkte, von keiner Vernunft geklärt und geleitet, sind ihre Lebens= äußerungen, auf die sie stolz ist. Ein Heer von überbürdeten Faullenzern besorgt ihre schmutzigen Geschäfte, die mit diplomatischem Geheimniß gaukerisch umsponnen und mit sinnlos erlogener Frömmelei äußerlich gesittet werden. Sie denkt mit der bekrallten Faust, sie fühlt mit dem Bauch, sie arbeitet mit der nutzlosen Wuth

1*

eines Tobsüchtigen. Und die Erträgnisse der mühselig schaffenden Millionen werden vergeudet, um der tollen Anarchie das Dasein zu fristen. Aber diese Weltgeschichte hat auch ihre Gala=Menschen und Gala=Ereignisse, mit denen sie prahlt. Ihre Fürsten und Minister, ihre Generäle und Diplomaten, ihre Ritter vom Hochofen und der Dreschmaschine, ihre werthpapiernen Helden der Börse und ihre Wissenschaftskrämer sorgen für glorreiche Jahreszahlen und historische Marksteine, welche letztere ihnen leichter abgehen als Eingeweidewürmer. Sie führen siegreiche Kriege, einigen mittels eines Stück Papiers Völker, produziren Soldaten, Panzerschiffe und Flinten, sperren Menschen in Gefängnisse ein, verwandeln das freie Leben in eine fortgesetzte strafbare Handlung, unternehmen Feld= züge gegen den Gedanken, zertreten die Schwachen und ehren die Starken, vertheilen die Beute an ihre Sippe, sie fabriziren endlose Gesetze mit Selbstschüssen und Fußangeln, und — ja nicht zu ver= gessen — beten, beten, beten. Im Namen Gottes schießt, im Namen Gottes zerstört, im Namen Gottes plündert, im Namen Gottes raubt! Die Besessenheit des Widerspruchs ist die hervorragendste Eigenthümlichkeit dieser Weltgeschichte, die eine Vorweltgeschichte ist.

Ganz anders stellt sich die zweite Weltgeschichte dar, die den Weg des Proletariats zeichnet. Unscheinbar und prunklos, ohne die Uebermacht der äußeren Mittel, ruht sie auf reinster Erkenntniß, verarbeitet sie in sich die Errungenschaften des Denkens und Forschens, löst sie die klaffenden Widersprüche in die Einheit des Humanitätsgedankens. Sie stemmt sich nicht gegen die ökonomischen Bedingungen, sondern läßt sich von ihr, selber doch wieder leitend, tragen. Sie bedarf nicht der Diplomaten und des Geheimnisses, das ganze Volk arbeitet an seinem Geschicke — im Lichte der Sonne. Sie unterjocht nicht, sondern sie befreit, sie zerstört nicht, sondern gründet das Leben auf jene Freiheit und Gleichheit, die Gerechtig= keit ist. Sie rafft nicht die Arbeit der Andern, sondern opfert sich selbst, um ihrer Sache willen. Und dergestalt steigt sie von dem Unscheinbaren zur Höhe und Macht, bis jene andere feindliche Entwickelung versiegt mit all dem Moderglanz ihrer rückständigen Mittel und Ziele.

Das 19. Jahrhundert ist die Vorbereitungszeit jener großen menschheitlichen Weltgeschichte, die Johann Jacoby in dem stolzen Prophetenwort ankündigte: „Die Gründung des kleinsten Arbeiter= vereins wird für den künftigen Kulturhistoriker von größerem Werthe sein, als der Schlachttag von Sadowa". Keine würdigere Aufgabe für einen Forscher, als dieses, trotz seiner Nothwendigkeit, wunderbare Emporwachsen der proletarischen Weltmacht zu schildern, die inmitten von unsäglichen Verfolgungen und Verleumdungen, machtlos und winzig, scheinbar ohne irgend welchen Einfluß auf das thatsächliche Werden der Gesellschaft, für das flache Urtheil fortwährend Lügen gestraft durch die Thatsachen, doch gegen all die lärmenden Scheinerfolge der mit unüberwindlichen äußerlichen Gewaltmitteln gerüsteten herrschenden Elemente sich durchsetzt, wächst, steigt, erstarkt, bis das verachtete Häuflein begeisterter Kulturarbeiter die großmächtige Herrschaft der Monopolisten aller staatlichen Kräfte in die Vertheidigungsstellung drängte.

Zwei Personen können diese Doppelentwickelung in symbolischer Verkörperung zur Anschauung bringen. Der eine ist Bismarck, der Träger der offiziellen Politik. Der andere ist Wilhelm Liebknecht, in dem sich die proletarische Bewegung des 19. Jahrhunderts emporringt. Dort der Mann, der, ausgestattet mit der ganzen Fülle der Staatsgewalt, die Völker gegen die Kultur kämpfen läßt, hier der einzelne, private Mensch, der ganz persönlich in den Kampf für die Kultur geht, bis sich allmälig Millionen von zwanglos sich darbietenden Freiwilligen um ihn schaaren und eine aussichtslose Träumerei zu einer erhabenen Wirklichkeit gestalten.

Nicht als ob wir Bismarck für den „Macher" jener absteigenden und Wilhelm Liebknecht für den „Macher" dieser aufsteigenden Weltgeschichte ausgeben wollten. Das wäre eine Thorheit, und vor allem eine Versündigung an der klaren geschichtlichen Erkenntniß; unseres Führers, der selbst die persönliche Erfindung eines Einzelnen, wie die der Buchdruckerkunst, der Gesammtarbeit der Menschen zuschrieb. Liebknecht hat so wenig die internationale Sozialdemokratie „gemacht", wie Bismarck etwa die deutsche Einheit, wenn auch Liebknecht freilich eben so viel echte Verdienste um die Erfolge seiner Sache hatte, wie Bismarck blos den Ruhm der wider seinem Willen geschehenen Errungenschaften annektirte. Aber in den beiden Männern spiegeln sich zwei Weltalter, die, chronologisch gleichzeitig, sachlich Vergangenheit und Zukunft darstellen, zwei Weltanschauungen.

Es ist eine Hypothese der Naturwissenschaft, daß die Entwickelung eines jeden Keims im Mutterleibe in rascher, knapper Abkürzung die Jahrmillionen umfassende Geschichte der organischen Wesen noch einmal andeutend durchläuft. Aehnlich läßt sich in der einzelnen Person die Geschichte einer Zeit verfolgen, mit dem Unterschiede freilich, daß die individuelle Gestalt in diesem Falle Mitschöpfer des allgemeinen Werdens ist. In diesem Sinne darf Wilhelm Liebknecht als der Repräsentant der proletarischen Weltgeschichte gelten, für die er gelebt hat und in der er sein ewiges Leben findet.

Gewaltig wie die Bewegung steigt das Dasein ihres Führers auf, aus Unrast und Wirrniß, aus schweren Bedrängungen und drückender Mühsal zum Gipfel, wo die Erfüllung sichtbar aufdämmert. Während der Heros der offiziellen Geschichte, sich zornig sträubend gegen die Todterklärung bei lebendigem Leibe, in der Einsamkeit sich verzehrte, sank der schlichte Held der proletarischen Weltmacht als Triumphator ins Grab — ein Kämpferleben, das in dem Gesicht des Sieges endigt!

Der Freischärler der tollen Jahre, dem das Standrecht winkte, der Hochverräther von 1870, der fast allein einer Welt von Rasenden trotzte, der Verbrecher und Mörder von 1878, der Hetzer und Auf= wiegler, der närrische Phantast und greisenhafte Doktrinär, der Mann, der an 60 Monate seines Lebens hinter Kerkermauern zu= gebracht, dem in keinem Augenblick die grobe Noth ganz von der Schwelle gewichen, dieser erst verlachte und dann gehaßte Zeitungs= schreiber und Agitator starb als der glücklichste und der am meisten geliebte Führer des Proletariats der gesammten Kulturwelt, um= ringt von unermeßlichen und unvergänglichen Erfolgen.

Wilhelm Liebknecht war ein Mann, der an seinen Wunden erstarkte, der in Entbehrungen gesundete, für den jede Enttäuschung eine Mehrung seiner Siegeszuversicht ward. Er hatte kein Gefühl für die Gefahr, wie er einmal selbst sagte, und in seinem Bewußt= sein fehlte das Organ des Zweifels an seiner Sache.

In der verbrauchten Luft des Metternich'schen Polizeistaates, die seine erste Jugend bedrängte, in den Frühlingsstürmen von 1848, in der heiteren Schwermuth der Verbannung, in den Kriegs= wirren der deutschen Krisis, in den bitteren Fehden mit Freunden, in der Vogelfreiheit ausnahmegesetzlicher Aechtung und in der rast= losen Arbeit des Greisenalters — immer gedieh er und sein Werk. Er vertrug alle Klimate des Geschickes, und die Kraft seines gläubigen Idealismus bedurfte des Sturmes, um zu wachsen und zu reifen.

Bis zum letzten Tage forderte Liebknecht den Haß seiner Feinde heraus. Nicht in politischer Hochsommermuße, sondern in den Welt= wirren, die der chinesische Aufstand entfesselte, ging er von dannen; ihnen gehörte das Interesse noch in seiner Sterbestunde. Hier häuften sich, wie in einem pathologischen Präparat, alle eklen Gebresten des kapitalistisch=militaristischen Wesens. Der gleißende Bernsteinfirniß der intellektuell=technischen Kultur barst und in seiner schamlosen Blöße erschien dieses kosakisch=hunnische Europa mit seiner Weltraubpolitik, seiner besinnungslosen Angst bei dräuenden Mißerfolgen, seiner protzigen Frechheit im Siegesrausch, mit seiner stupiden Anbetung von Explosivstoffen und Stahlgeschossen und all seiner verwegenen, verblendeten Abenteuerei. Der chinesische Auf= stand deckte eine sittliche Verwilderung auf, die an die Zeiten des dreißigjährigen Krieges erinnerte; er enthüllte, daß der Absolutismus in Reichspreußen nicht einmal mehr den Schein von Verfassung vor seine Unersättlichkeit zu kleben für nöthig befindet; er zeigte, wie in den perfiden Ablenkungen und ruchlosen Ausschweifungen der Weltpolitik die heimische Beutepolitik nicht rastete, sondern um so eifriger im dunkeln Wirbel ihre Netze spann.

Wieder stand Liebknecht — zum letzten Mal — gegen die gesammten Heerschaaren der kapitalistisch=feudal=dynastischen Spiegel= fechter. Aber diesmal nicht mehr allein — die geschulten Massen des Proletariats der zivilisirten Erde kämpften auf seiner Seite.

9

Und er starb wohl in der Hoffnung, daß diese weltpolitischen Zuckungen die letzten Lebensäußerungen eines todwunden Systems seien, daß jetzt endlich das Gericht über die herrschende Politik hereinbrechen, der verseuchte Leib sich in Selbstverbrennung auf= zehren würde . . .

Der Menschheit Odem, die schmachtend nach Befreiung lechzt, wehte auch aus diesen Schlußstrophen des überreichen Lebens, wie immer verfrüht sie den endlichen Sieg gekündet haben mögen. Drum wird der unermüdete Kämpfer sein und alle Zeit den Völkern vorangehen, den Nacken, das Haupt, die Kronen der Feinde des Menschengeschlechts unter seinen Sohlen.

II. Aus der Jugend.

Gießen, die damals kaum 8000 Einwohner zählende Land= und Universitätsstadt Oberhessens, ist die Heimath Wilhelm Liebknechts. Die Züge der Stadt, so wie sie vor dreiviertel Jahrhundert aussah, sind heute keineswegs verwischt, obwohl sie es inzwischen auf 25 000 Einwohner gebracht hat, ein bedeutender Eisenbahnknoten= punkt geworden ist — Einsteigen nach Paris! — und industriell sich stark entwickelt. Anno 1826 rauchten dort wie im ganzen Lahn= thal, wo sich jetzt die industriellen Werke vom Biedenköpfer Hinter= land bis nach Ems und Niederlahnstein zwischen Wald, Fels und Wasser lärmend und qualmend einnisten, noch keine Schlote. Ein stiller Ort mit halbländlichem Charakter, krummwinklig in breiter Ebene, niedrige Giebelhäuser mit ausdrucksvollem Holzgebälk, mit vielen dunklen Winkeln, abenteuerlichen Thorwegen und närrischen Treppen. Das ist noch heute der Grundcharakter der Stadt, der durch die kleinfrankfurterischen Parkanlagen und die modernen Villen nicht aufgehoben wird. Auch im benachbarten Wetzlar läßt sich noch immer Goethens Werther und Lotte beim häuslichen Spinettspiel wie bei den Naturschwelgereien am tiefen Brunnen treulich belauschen, und lahnaufwärts, in der gartengebetteten Berg= stadt Marburg, schwärmt noch immer um die grauen Schloßmauern Bettina von Arnim, den blühenden Frühlingskranz der jungen Romantik auf dem dunklen Haar und die glühende Goethereligion im Herzen.

Eine Stadt von Professoren, Beamten, kleinen Händlern war Gießen, ringsum das hessische Kleinbauerthum, das mit seiner Volkstracht die Stadt farbig belebte. Die Cigarrenarbeiterinnen, die heute in und um Gießen thätig sind, zeigen in der Kleidung noch leise Erinnerungen an die frühere bäuerliche Tracht.

Die Klassengegensätze gingen in der allgemeinen Einfachheit der Lebensführung unter, wenn auch das hilflose Elend des Zwerg=

bauernthums sich von dem bescheidenen Behagen der städtischen Bürger düster abhob. An der Universität Marburg schlachteten die Professoren bis in die sechsziger Jahre hinein, zur Aufbesserung ihres mageren Gehalts, alljährlich ihr Schwein — ganz wie die kleinen Bauern. Hier in Kurhessen wehrte das bis 1866 angestammte Fürstenhaus jeder industriellen Verruffung der reinen Luft und schönen Landschaft; nur die finanzielle Freundschaft des Kurfürsten mit dem Hause Rothschild vermochte es zu Wege zu bringen, daß das Gottesgnadenthum den Bau der Main-Weserbahn gestattete.

Aber es wäre verfehlt, anzunehmen, daß in diesen ruhigen schlichten Orten Oberhessens auch das geistige, öffentliche Leben in idyllischem Frieden erstarrt gewesen wäre. Ganz im Gegentheil. Gerade solche kleinen Städte sind geeignet, das politische Gefühls-leben zu steigern und zu vertiefen. Die Ereignisse der großen Welt, die in den Kulturzentren mit ihrem Uebermaß von unablässigen Reizungen und Ablenkungen auf abgestumpfte Nerven wirken, hallen in den stillen Abgeschiedenheiten kleiner Städte und selbst regsamer Dörfer lauter und wuchtiger. So fluthete auch zu jener Zeit in Oberhessen, namentlich in den beiden nachbarlichen Universitäts-städten Gießen und Marburg ein breiter Strom politischen Lebens. Das kleine Kurfürstenthum führte in den dreißiger und vierziger Jahren geradezu in Deutschland den Vorkampf für konstitutionelle Befreiung. Unter dem ängstigenden Eindruck der französischen Julirevolution von 1830 gab der Kurfürst eine Verfassung, die in Vielem liberaler gewesen ist, als die heutigen deutschen Verfassungen; so wurde z. B. das Heer auf die Verfassung vereidigt — ein Hauptgrund, daß das kurhessische Volk in dem mit zähem Muth geführten Kampfe gegen eine staatsstreichlerische Reaktion immer wieder siegreich blieb. Vor ein paar Jahren erst hat die Necke'sche Dreiklassen-Gemeinde-Ordnung die letzten Reste der alten julirevolutionären Verfassung weggespült und die Verpreußung Kurhessens vollendet.

In dieser Zeit von der Juli-Revolution bis 1848, die Kindheit und erste Jugend Wilhelm Liebknechts umschließen, war Oberhessen beherrscht von einer bürgerlich-demokratischen Begeisterung, die nach deutscher Einheit und Freiheit strebte. Das Metternichthum der heiligen Allianz, die Europa den Weltfrieden der Zwangsjacke diktirte, fand im Großherzogthum wie im Kurfürstenthum forsche Nachäffer. Man trieb Demagogenhatz, schützte mittels Büttel und Kerker die heiligsten Güter, maßregelte Professoren und witterte auf allen Gassen Hochverrath und Fürstenmord. Die polizeiliche Entdeckung, daß ein Professor ein radikales Londoner Blatt las, genügte völlig, um eine gewaltige Untersuchung einzuleiten. Aber die akademische Welt lehnte sich tapfer gegen die Schergen Metternichs auf.

In Gießen sind seit der großen Revolution starke demokratische Traditionen zu beobachten. Die Freiheitskriege, in denen von Anfang an politisch-radikale Unterströmungen entscheidend mitwirkten — ich habe den Jakobiner spielen müssen, klagte später der in den nationalen Aufstand mit vieler Mühe hineingezerrte Hohen-

D. IO. GEORGIVS LIEBKNECHT
Theolog. et Math. P. P. Senior District. Marburg.
Adornet Sup. und Consistorialis Hochgraf. Hel. el.
Culleii N. C. Casar. Adiunct. et et Societ. Reg.
Angliae et Berol. Sac.

zollernkönig Friedrich Wilhelm III — die Freiheitskriege belebten die jugendliche Aktionslust. Man träumte von der einigen deutschen Republik. Gießen war Herd und Heimath der radikalen Burschenschaftelei. Follenius, ihr Häuptling, war von Gießen nach Jena gekommen. Die Gießener Jugend mag über die Ermordung des russischen Lustspiel-Agenten Kotzebue durch den Studenten Sand nicht weniger gejubelt haben als Robert Blum, der da dichtete, als er eine Blume von Sands Grab geschenkt erhielt:

Dank für die Blume Dir, dem Blut entsprossen!
O, daß doch aus dem Blute, das so reich geflossen,
Für Deutschland bald die Freiheit sich erhebe!

Die Julirevolution gab den demokratischen, mit sozialistischen Ideen spielenden Jugendbündlern neuen Anstoß. In den dreißiger Jahren beginnt eine stürmische Agitation in Oberhessen. Hier wird die erste sozialistische Bauernschrift verbreitet: der hessische Landbote, ein Protest voll ungestümer gährender Leidenschaft, dessen Urheber Georg Büchner, der jung verstorbene Dichter des vulkanischen Revolutionsdramas „Dantons Tod", und der Pfarrer Weidig in Butzbach waren.

Weidig — in diesem Namen lebt die blutige Tragödie auf in deren aufwühlendem Entsetzen des Knaben und Jünglings Liebknecht Sinn für die große Mission seines künftigen Lebens vorbereitet und entscheidend bestimmt ward. Nach dem tollen Studentenputsch an der Konstablerwache in Frankfurt (1833) wüthete, wie überall, auch in Oberhessen die Reaktion. Weidig, einer der edelsten Charaktere der Zeit, wurde April 1835 wegen Verbreitung revolutionärer Schriften verhaftet, ins Darmstädter Untersuchungsgefängniß geschleppt, wo er im Februar 1837 sein schauriges Ende fand. Ein wahnsinniger Untersuchungsrichter — der Wahnsinn wurde damals, wie in unseren Brausewettertagen, als politisch-juristisches Machtmittel ausgebeutet — zerstörte durch fortgesetzte raffinirte Quälereien die Widerstandsfähigkeit des Gefangenen. Weidig unternahm einen mißglückten Selbstmordversuch, den ein gedungener Mörder dann an einem finsteren Wintermorgen in der Kerkerzelle vollendete. Der Fall ist niemals bis zur einwandfreien Gewißheit aufgeklärt worden, aber man kann kaum noch bezweifeln, und hat niemals bezweifelt, daß dem Selbstmordversuch durch einen Mord nachgeholfen wurde.

Weidig war das die Zeit anklagende und mahnende Gespenst im Hause der Familie Liebknecht. Denn der unglückliche Mann war ein naher Verwandter Liebknechts — seine Mutter war eine geborene Liebknecht —, der erste Aufrührer und Hochverräther in einer Familie von ruhigen Gelehrten, Beamten und Offizieren; Wilhelm Liebknecht ward dann der zweite revolutionär entartete Sproß.

Wilhelm Philipp Martin Christian Ludwig Liebknecht ist am 29. März 1826 als das dritte Kind seiner Eltern zu Gießen geboren. Die Familie führt auf Luther zurück. Der Vater war Registrator. Die Taufpathen Wilhelms zeigen den gesellschaftlichen Rang der Familien: Präsident Philipp von Hert in Homburg, Postmeister Wilhelm Kempff, Frau Rathsschöff Asmus, Frau Oberfinanzsekretär Kempf in Darmstadt, deren Stelle Frau Hauptmann

Raabe vertrat. Der Urgroßvater, Johann Georg Liebknecht (geb. zu Wasungen 1679, gest. 1749 in Gießen), dessen Portrait wir nach einem alten Stich auf S. 9 reproduziren, war ein hervorragender Professor der Theologie und Mathematik, Rektor der Universität Gießen, ein Freund des großen Leibnitz, des Philosophen, der — einer der umfassendsten Köpfe der Weltgeschichte — alle Gebiete menschlichen Wissens und menschlicher Thätigkeit beherrschte und durch eigene Leistungen bereicherte. Des Professors Johann Georg jung verstorbene Gattin, Katharina Elisabeth, geb. Elwert, wird auf dem Grabstein nachgerühmt, sie habe die Wechselfälle des Geschicks mit lachendem Gleichmuth ertragen — ihr Blut scheint in dem Urenkel gewirkt zu haben. Die Mutter Wilhelms, eine geborene Hirsch, starb als er 5 Jahre alt war, der Vater (1787 geboren) ein Jahr später. Der verwaiste Knabe hatte eine etwas harte Er-ziehung und entbehrte namentlich des milden Einflusses ver-ständnißvoller Frauen.

Von der Familie zur Beamtenlaufbahn bestimmt, besuchte er das heimathliche Gymnasium, ein lernbegieriger Junge, der schon im frühen Alter die Nächte durch studirte. Früh lernt er die sozialistischen Schriften Saint Simons kennen, an denen er sich be-rauscht. Des Großonkels Weidig furchtbares Schicksal erweckt schon im Kinde den Haß gegen das Metternich'sche System. Zu jugend-lichen Versen bekennt Liebknecht sich selbst, eines Trauerspiels be-schuldigt ihn der Gießener Polizeibericht über den Verschwörer.

Mit 16 Jahren kommt er auf die Universität mit einem Reife-zeugniß erster Note — ein ins Grenzenlose schweifender Stürmer und Dränger, der den vorschriftsmäßigen Weg zur Staatskrippe garnicht erst einschlägt, sondern an allen Bronnen der Wissenschaft gierig schlürft. Er studirt Theologie, Philologie und Philosophie — „eine spekulativ grübelnde Stubenhockernatur", wie Liebknecht sich selbst in einer Skizze aus dem Jahre 1898 nennt (Neue deutsche Rundschau, April 1898). Um sich ein Ziel in der Wirrniß zu geben, denkt er an die akademische Laufbahn, obwohl er religiös sich schon als Freigeist und politisch als Revolutionär fühlt.

Gießen vertauscht er mit Berlin. Hier hört Liebknecht Philo-sophie bei Schelling und Trendelenburg. Böckh führt ihn ins klassische Alterthum, die Brüder Grimm und Lachmann in die germanistische Wissenschaft. In Berlin diskutirt er die Nächte durch mit gleich gerichteten Studenten über Sozialismus — seit 1846 be-zeichnet er sich als Kommunist — und Politik, in der ihn vornehm-lich die Polenfrage begeistert. Im März 1846 erleidet er seine erste Ausweisung. Auf der Heimfahrt nach Gießen unternimmt er einen Abstecher nach der sächsischen Schweiz und Böhmen. Oester-reichische Gendarmen hielten ihn an und obwohl sein Paß in Ordnung, wurde er als verdächtig der Theilnahme an der polnischen Verschwörung über die Grenze geschafft. Die österreichische Polizei hat den Ruhm, frühzeitig das gefährliche Subjekt durchschaut zu haben.

Wieder in Gießen, erkennt er, daß seine Privatdozentenschaft aussichtslos — die Vorbedingung reactionärer Gesinnung fehlte. Einen Augenblick denkt er daran, Rechtsanwalt zu werden. Welchen Zweck aber hatte ein Anwalt des Rechts bei geheimem Gerichts- verfahren! Die deutsche Enge des Polizeistaats würgt ihn — nirgends Raum für den Flügelschlag einer freien Seele — er fühlt sich wie ein Riese, dessen Wachsthum in den Himmel drängt, während er lebendig in einem Steinsarkophag eingeschmiedet ist. Der glühende Jüngling verschmachtet in der deutschen Katakomben- luft. Und es kam die große Europamüdigkeit über den Zwanzig- jährigen; es lag zudem im hessischen Blut, als Ausweg aus aller Pein, als Lösung aller Bedrängniß das freie Amerika zu suchen. Unter den Gießener Studenten bildete sich ein Auswanderungs- verein. Seine damalige Stimmung schildert Liebknecht selbst: „War es denn Flucht? Konnte ich nicht, wenn in Europa sich ein Wirkungsfeld bot, nach Europa heimkehren? Wirken wollte ich, mußte ich. Es lag in meinem Blut, das bei dem bloßen Anblick der herrschenden Zustände in Wallung gerieth. Und bin ich, falls oder sobald — denn daß sie einst kommen würde, das bezweifelte ich nicht — die Gelegenheit kommt, wo ich wirken kann, für die Bethätigung und Verfechtung meiner Ideale besser geeignet, wenn ich in dem heimischen Käfig flügellahm geworden bin, in ohn- mächtiger Wuth meine Kraft verzehrt habe — oder wenn ich, ge- stählt und frisch von der Luft der Freiheit aus der Neuen Welt in die alte zurückeile."

Für den Herbst 1847 bereitet nun Liebknecht die Auswanderung vor. Er will mit einigen Kameraden in die Hinterwälder von Wiskonsin gehen und dort eine Art Ackerbau-Genossenschaft bilden. Er stählt zu diesem Zweck seinen Körper, er übt sich im Turnen, Schwimmen und Schießen. Vorzüglich aber bereitet er sich auf den Bau von Blockhäusern vor. Er nimmt die Axt in die Hand und lernt bei dem Zimmergesellen Johannes Rohm in aller zünftlerischen Form das Handwerk, bis er nach sechs Wochen feierlich aus dem Lehrling- in den Gesellenstand erhoben wird.

Inzwischen kam es in der aufgeregten Zeit zu einem halb komischen, halb ernsthaften, politisch gefärbten Konflikt der Studenten mit der akademischen Behörde. Es gab einen regelrechten Studenten- streit. Liebknecht that sich als stürmischer Rädelsführer hervor, führte aber seine Kameraden zum Sieg. Der Auszug der Studenten auf den nahen Staufenberg ist im Bilde erhalten.

Wegen seines Verhaltens im Studentenstreit hatte sich der unvorsichtige Feuerkopf bei der Behörde mißliebig gemacht. Trotz der versprochenen Amnestie wurde ihm — zwar nicht offiziell aber doch mit hinreichendem Nachdruck — bedeutet, er möge den Staub von seinen „Pantoffeln" schütteln. Liebknecht verstand den Wink und siedelte nach Marburg über, wo er zwei stürmische Semester verlebt, mit harmlosen Studentenstreichen — Laterneneinwerfen! — und politischen „Ausschreitungen" die akademische Autorität gegen sich aufhetzt, bis er den allzu heiß gewordenen Boden verläßt.

Amerika!

Der Korpstudent Wilhelm Liebknecht — er war bis an sein Lebensende alter Herr der inzwischen höchst „patent" gewordenen Hasso-Nassoven — will seine Unrast in die Freiheit der Neuen Welt tragen. Im Spätsommer tritt er die Reise über den Ozean an. Zunächst den Rhein abwärts bis Rotterdam!

III. Der Freischärler.

Die erste Amerikafahrt Wilhelm Liebknechts endigte bereits in — Mainz, wenig mehr als hundert Kilometer von Marburg.

Im Postwagen geräth er mit einem Manne ins Gespräch, der in der Schweiz als Lehrer thätig war. Das nationale Heimathsgefühl, das Liebknecht, wie alle wahrhaft Vaterlandslosen beseelte, die von dem Reisegefährten in ihm bestärkte Hoffnung eines nahen Umschwungs der europäischen Verhältnisse, die verhältnißmäßige Freiheit der Schweiz — alles dies bewog den jungen Unbehausten statt gen Rotterdam und in die Hinterwälder Wiskonsins zu reisen, lieber in der Nähe zu bleiben; er siedelt nach Zürich über. Es giebt seit jeher drei Steigerungen der politischen Flucht aus Deutschland: die erste Etappe ist die Schweiz, die zweite London, die dritte Amerika. Liebknecht begnügte sich einstweilen mit dem Mindestmaß von Flucht.

Der Herbst 1847 findet Liebknecht in Zürich. Er bereitet sich auf die Advokatenlaufbahn vor und lebt von der Schulmeisterei. Er ward Lehrer an der Fröbel'schen Musterschule, die in den humanen Ueberlieferungen Rousseaus und Pestalozzis geleitet war; das Kind zur freien allseitigen Entfaltung natürlichen Menschenthums gemäß seinen individuellen Anlagen im weltbürgerlichen Gemeinschaftsgeist zu erziehen — das war das Ziel dieser Pädagogik, die noch nicht den verkrüppelnden Drill zu reaktionären Staatszwecken, die Gewöhnung an muckerisch-byzantinische Geist- und Leibeigenschaft für die höchste Aufgabe der Schule hielt.

„Man kann seinen Beruf verfehlen, aber nicht seine Natur ändern. Man kann sie verhunzen, man kann sie veredeln, aber Natur bleibt Natur, auch in verschiedenster Gewandung. Und von Natur bin ich Schulmeister, und ich habe alle Zeit bereitwillig, manchmal sogar zerknirscht, zugestanden, daß ich als Politiker

16

meinen Beruf verfehlt habe." So bekennt Liebknecht in seinen Erinnerungen an die Schulmeisterzeit, die er in seinen letzten Jahren
niedergeschrieben. Eine scherzhafte Selbstanklage — die aber so
unbegründet ist wie nur je eine staatsanwaltliche Anklage gegen
Liebknecht.

Auch der Politiker in der höchsten Auffassung ist nichts
als ein Lehrer, als ein Erzieher, der Menschen im Wissen und
Handeln leitet. Der proletarische Weltpoliker Liebknecht hat seine
Mission niemals anders aufgefaßt denn als Welterzieher oder,
wenn man will, Weltschulmeister. Die Erziehung des Menschengeschlechts zum höchsten Ideal — das ist die große ewige Politik,
die eben so hoch erhaben ist, wie die sogenannte hohe Politik der
diplomatischen Krämer niedrig ist. Liebknecht blieb Lehrer als
Politiker, er verfehlte den engeren Beruf, um den weiteren einzu-
schlagen; er erzog statt einiger Schulbuben Millionen des Proletariats
aller Kulturvölker.

Einstweilen freilich fühlte sich der Lehrer noch stark als un-
geberdiger Schüler — nicht nur in dem Sinne, daß er den deutschen
Arbeiterverein in Zürich besuchte, um sich über die Verhältnisse der
Arbeiter und deren Bestrebungen zu unterrichten. Nein, darin erwies sich der Lehrer noch als echter wilder Schüler, daß er an
dem ersten schönen Vorfrühlingstag spornstreichs — hinter die
Schule lief.

Der 23. Februar 1848!

Der Frühling ist über die Völker gekommen. Wen hält es da
noch in der Schule hinter den Büchern. Das Bürgerkönigthum der
skrupellosen Bereicherung ist in Paris gestürzt, der Sammelpolitiker
Guizot — er sammelte wie Miquel unausgesetzt für die Politik der
goldenen Mitte und der goldenen Mittel, persönlich allerdings
interesseloser als der heutige Exkommunist und Agrarieraufwiegler! —
Guizot ist mit aller seiner staatsmännischen Weisheit gestürzt —
eine Weltwende der Befreiung. Der europäische Käfig scheint weit
geöffnet, das Metternichthum zertrümmert, die Kronen wackeln,
das alte Polizeiregiment bebt. Der Freiheitskrieg der Völker hebt
an — wider die Fremdherrschaft der Unterdrückung, der Bevor-
mundung, der Verfolgung!

Der junge Liebknecht sieht sich mit einem Mal vor der Erfüllung seiner tiefsten Sehnsucht. Er läßt die Bücher und die Buben
und eilt in die Hauptstadt der revolutionären Welt — nach Paris.
Von Julius Fröbel war der 22jährige an Herwegh empfohlen, der
in Paris die deutsche Legion ausrüstete, um die Republik nach
Deutschland zu bringen. Während Liebknecht — so erzählt er selbst
in seinem Büchlein über Marx — auf den Leim ging, war ein
Klügerer, Karl Marx, der auch hinter die Kulissen sehen konnte,
eifrig bemüht, den Unsinn zu verhüten. Denn er hatte begriffen,
daß der Plan, „fremde Legionen" zu organisiren, welche die

Revolution ins Ausland tragen sollten, von den französischen Bourgeoisrepublikanern ausging, und daß die „Bewegung" künstlich gemacht worden war in der doppelten Absicht, sich unruhige Elemente vom Hals zu schaffen und die ausländischen Arbeiter los zu werden, deren Konkurrenz in der schweren Geschäftskrise doppelt empfindlich war.

Vor den gefährlichen Folgen des Unsinns behütete Liebknecht der Ausbruch einer Krankheit, die seiner Theilnahme am Zuge ein vorzeitiges Ende bereitete. Herweghs Legion wurde bei Dosenbach auseinander getrieben. Liebknecht kehrte, von seiner Krankheit genesen, nach Zürich zurück, wo er die Lebenspläne seiner ersten Zeit wieder aufnahm.

Nur wenige Monate währt die Züricher Muße. Die revolutionäre Fluth lockt unwiderstehlich; und Liebknecht stürzt sich in die Wogen. Der Schulmeister, der Advokat werden will, wird Freischärler.

Ueber seinen Revolutionsfeldzug hat Liebknecht ein Tagebuch geführt; es ist verloren gegangen auf den vielverschlungenen Irrfahrten seines Lebens. Nur ein kleines Oelbild, das den Jüngling als Freischärler darstellt und von dem Genfer Maler Zwehlen angefertigt war, ist als Dokument jener Zeit erhalten. In den letzten Jahren hat Liebknecht vielerlei aus jenen Tagen, an die er gern, fröhlich und ein wenig stolz zurückdachte, erinnerungsweise erzählt. Doch sind nicht alle Einzelheiten zu völliger Klarheit aufgehellt. Im Folgenden sind die Ereignisse wesentlich mit Liebknechts eigenen Worten gezeichnet.*)

Mitte September erklärte Freund Struve, der tapfere Romantiker der Revolution, die Republik und den Krieg. Liebknecht eilte mit einem Dutzend Gesinnungsgenossen dem Oberstkommandirenden der Freiheit zu Hilfe. Am 17. September 1848 überschritt er, nachdem Struve bei Lörrach über den Rhein gegangen, mit seinem Häuflein Genossen die Säckinger Rheinbrücke — zusammen bewaffnet mit einer Kollektiv-Büchse, die er als Privateigenthum mitgebracht hatte, um die deutschen Fürsten zu verjagen und die deutsche Republik zu proklamiren. Ein paar Tage ging die Sache ganz gut — die Massen waren freundlich gesinnt, die Behörden entmuthigt — von Struve kam Nachricht, daß sich die Bevölkerung um ihn schaare und sein Heer lawinenartig anschwelle. Liebknechts Schaar hatte ähnliche Erfolge. Man entwaffnete die Gegner, rief die Republik aus, nahm die wehrfähige Mannschaft mit, so daß bald über 4000 Mann beisammen waren, und marschirte, so rasch es ging, dem Struveschen Korps nach, das man noch im Schwarzwald zu erreichen

---

*) Vergl. u. A. folgende Skizzen von Liebknecht: „Drei Tage in den Kasematten von Rastatt" (Neuer Welt-Kalender 1895), „Anno 1849. Aus der Schweizer Flüchtlingszeit" (Neuer Welt-Kalender 1899), „Ein Weib und ein Mann" (Im „Buch der Jugend" 1895).

hoffte. Die Hoffnung erfüllte sich nicht. Auch von dem dritten Korps hört man nichts. Zwei Kundschafter werden ausgesandt. Einer sucht Struve, der Andere, Liebknecht, späht nach dem fabelhaften dritten Korps. Liebknecht kommt durch Ortschaften, in denen man vorher die Republik ausgerufen hatte. Die Bevölkerung zeigt sich keineswegs mehr freundlich. In Säckingen wurden dem Wagen des Freischärlers Kugeln nachgesandt. Vorwärts nach Laufenburg! Nichts vom dritten Korps. Ein junges schönes Mädchen eilt bei den ersten Häusern dem Wagen entgegen — mit schlimmer Botschaft. Struve sei geschlagen, das dritte Korps zersprengt. Alles sei verloren, Liebknecht dürfe keinen Schritt weiter vorwärts, sonst sei es um ihn geschehen.

Die junge Republikanerin erbietet sich, Liebknecht über den Rhein zu fahren, ihn zu retten. Wohl drängt es den Freischärler, sich dem tapferen Mädchen anzuvertrauen — dort drüben winkt Leben und Freiheit — aber die Pflicht gebietet die Rückkehr zum Korps. Er nimmt Abschied von dem Mädchen und der Freischärler in der grünen Bluse nimmt die rothen Federn vom Hut — vorwärts!

Bei dem Versuch, sein Korps zu erreichen, wurde Liebknecht von der bewaffneten Regierungsmacht erreicht und überwältigt. Durch einen glücklichen Zufall — ein Versagen des optischen Telegraphen — entschlüpfte Liebknecht nebst den Genossen dem Standrecht und erhielt zuerst im Schloß des Trompeters von Säckingen, dann in Freiburg Staatsquartier.

Acht Monate währte die Untersuchungshaft. Im Mai 1849 sollte die Schwurgerichtsverhandlung stattfinden. Das ganze Strafgesetzbuch war über den Verbrecher ausgeschüttet. Hoch- und Landesverrath waren noch die geringfügigsten Vergehen. Daneben war Liebknecht hinreichend verdächtig, folgende Delikte begangen zu haben: Kassenraub, Bedrohung der Person, gewaltsame Erpressung, Anstiftung zum Mord, Anstiftung zum Diebstahl, Anstiftung zum Raub, Brandstiftung, Mordversuch, Mord. Eine zehnmalige Verurtheilung zum Tode nebst lebenslänglichem Zuchthaus und etlichen hundert Jahren Gefängniß, von Tragung der Geldstrafen und Kosten, sowie der Verleihung ewigen Ehrverlustes in dieser und jener Welt zu schweigen, schien dem Ruchlosen sicher.

Es kam aber anders. Zwei Tage vor der Verhandlung waren in Freiburg und Rastatt die Soldaten zum Volke übergegangen. Karlsruhe wurde von der Revolution angesteckt. Der Großherzog von Baden flüchtete.

Diese Geschehnisse belebten in wunderbarer Weise das Gerechtigkeitsgefühl der Geschworenen, der Richter und der Staatsanwaltschaft. Das Publikum drängte in den Gerichtssaal, leidenschaftlich erregt. Hunderte grüßen die Gefangenen. Rufe schwirren: Ihr seid bald frei! Es geht wieder los!

Die Angeklagten sind in heiterster Stimmung, in größter Verlegenheit das Gericht. Die Formalitäten werden kurz erledigt. Darauf erhebt sich der Staatsanwalt und beantragt stammelnd — die Freisprechung. Ein brausendes Hoch des Publikums, das, die

Wilhelm Liebknecht als Freischärler.

Gendarmen bei Seite stoßend, auf die Verbrecher einstürmt und sie umarmt. Aber die Angeklagten wollen nicht so meuchlings freigesprochen sein. „Wir müssen noch reden" — rufen sie. Die Geschworenen verschwinden einen Augenblick und kehren sofort zurück: Nichtschuldig! Der Vorsitzende ruft in den Lärm hinein: Die An-

2

gellagten sind freigesprochen und sofort in Freiheit zu setzen! Liebknecht protestirt und rüstet sich zu einer Ansprache an das Volk. Aber die Menge umringt ihn und die Fluth wirft ihn auf die Straße. Der Rest des jubelnden Maitages verschwimmt in einem Strudel von Blumensträußen, festlich gekleideten Mädchen und Frauen, von geschwenkten Hüten, Reden und Umzügen. Die tolle wunderschöne Maizeit der Völkerfreiheit, da alle Knospen sprangen!

Aber über die Knospen wehte alsbald der schlaffe, dörrende Wüstenwind der Bedenklichkeit der Halben und Zweifelhaften. Das Volk wollte die Proklamirung der Republik. Die Leiter der Bewegung aber, die Herren Brentano und Co., hatten vor so viel Ungesetzlichkeit und Radikalismus Bedenken. Sie zögerten, schwankten und schliefen auf der Doktrin der Reichsverfassung ein. Und derweilen schlüpfte die Reaktion wieder frohgemuth aus dem Loch, in das sie sich in der ersten Angst verkrochen.

Von Freiburg aus unternahm Liebknecht zusammen mit dem demokratischen Abgeordneten Fehrenbach den vergeblichen Versuch, ein paar württembergische Bataillone zum Anschluß an die Revolution zu überreden. In ihrer großartigen Naivetät und bedenkenlosen Verwegenheit eines der erstaunlichsten Bilder aus dem Wunderbuche der sich von Grund aus erneuenden, jeder Tradition spottenden und Götzen stürzenden Revolutionszeit — diese Bekehrungsszene. Liebknecht und Fehrenbach in schwarz-roth-goldener Schärpe gehen in das Lager der Württemberger. Die Vorposten salutiren vor den Abzeichen der Demokratie. Soldaten und Offiziere kommen heran. Die Missionare der Revolution fordern die Mannschaften auf, ihre Pflicht zu thun. Offiziere befehlen die Verhaftung der Aufwiegler. Die Soldaten leisten dem Befehl nicht Gehorsam. Badische Soldaten nähern sich und reichen den Württembergern die Hand. Die beiden Freischärler reden den offenbar Schwankenden, deren Zahl sichtlich zunimmt, eindringlich ins Herz, während die Offiziere ihrerseits all ihren Einfluß aufbieten. Eine halbe Stunde dauert der merkwürdige Kampf, bis es klar wird, daß die Soldaten nicht ohne Weiteres zu der Revolution übergehen würden. Unbehelligt ziehen sich die Verführer zurück.

Von Freiburg ging Liebknecht nach Karlsruhe. Dort herrschte ein tolles lustiges Treiben. Freischärler, Soldaten, Truppen ohne Offiziere, Offiziere ohne Truppen, Führer, die nichts zu führen hatten und nichts führten, — opferfrohe Elementarkraft und kein zielbewußter Wille — kein Plan. Nichts fertig, Alles schäumend, wogend, gährend.

Liebknecht bethätigte sich als Zivilkommissar, Zeitungsschreiber, Adjutant Struves, Bombardier in der Batterie Vorheims unter dem heldenmüthigen Johann Philipp Becker. Auch der Sangeskunst huldigt er und er stimmt mit den Freunden, von denen Viele bald unter den preußischen Standrechtskugeln fallen sollten, in das gemeinsam verfertigte „Flüchtlingslied" ein:

Wenn die Fürsten fragen:
Was macht Absalom?
Sollt Ihr ihnen sagen:
Ei, er hänget schon,
Doch an keinem Baume,
Doch an keinem Strick,
Sondern an dem Traume
Einer Republik.
  Raus, raus, raus und raus
    Revolution!
  Hüah hoh und Hüah hoh
    Revolution!

Wollen Sie gar wissen,
Wie's dem Flüchtling geht,
Sagt: Er ist zerrissen,
Wie er geht und steht!
Ihm ist nichts geblieben
Als Verzweiflungsstreich
Und Soldat zu werden
Für ein freies Reich.
  Raus, raus, raus und raus
    Revolution!
  Hüah hoh und Hüah hoh
    Revolution!

Fragen sie gerühret:
Will er Amnestie?
Sagt, wie sich gebühret:
Er hat steife Knie!
Gebt nur Eure großen
Purpurmäntel her,
Das giebt rothe Hosen
Für ein Freiheits-Heer!
  Raus, raus, raus und raus
    Revolution!
  Hüah hoh und Hüah hoh
    Revolution!

Den Jungen wurde die diplomatisch philisterhafte Bedächtigkeit der Führer von der Masse Brentanos langweilig. Unter Struve gründeten sie einen „Verein des entschiedenen Fortschritts" und nun rückten diese „Jakobiner" gegen die arg verwässerten „Girondisten" vor. Der „Verein" forderte von der provisorischen Regierung eine energische Angriffspolitik. Die Truppen sollten über die Grenze geschickt werden, um Deutschland für die Revolution zu erobern. Der „Verein" sandte eine Deputation zu Brentano, in ihr befand sich auch Liebknecht. Struve entwickelte die Forderungen der Jungen. Der „Diktator" Brentano weicht aus. Ein heftiger Wortwechsel entsteht. Brentano, der Vertheidiger Liebknechts in Freiburg, ruft diesem zu: „Ich erinnere Sie daran, daß das Standrecht proklamirt ist." Zornig rückt Liebknecht auf den Mann zu und schreit: „Das Standrecht besteht auch für Sie." Brentano glaubte seitdem, die Jungen wollten ihm ans Leben.

Die Jungen drängen jetzt auf eine Entscheidung hin — Liebknecht am hitzigsten. Er ist überzeugt, daß Brentano insgeheim mit der Reaktion konspirirt, und räth zu dessen Verhaftung. Struve und Becker zögern.

Am 5. Juni 1849 wurde Liebknecht, als er nach stürmischen Auseinandersetzungen mit Struve und Becker nächtlich nach seiner Wohnung gehen wollte, auf Befehl Brentanos verhaftet. Auf der

2*

Hauptwache nahm man ihm Hirschfänger und Taschenmesser ab, dann wurde er in die Kasematten von Rastatt transportirt. Am nächsten Morgen kam der Untersuchungsrichter und eröffnete ihm: „Herr Wilhelm Liebknecht, ich habe Ihnen mitzutheilen, daß die Anklage gegen Sie erhoben ist, ein Attentat auf Herrn Brentano geplant zu haben. Und zwar wollten Sie den Mord mit einem Dolchmesser verüben, das bei Ihnen gefunden worden ist. Wir haben hier die Mordwaffe und sagen Sie, was Sie zu Ihrer Vertheidigung zu bemerken haben!"

Liebknecht verfiel unverzüglich in einen bedrohlichen Lachkrampf. Der Dolch war ein gewöhnliches Taschenmesser mit Pfropfenzieher und Pfeifenräumer. Dann aber diktirte er dem Untersuchungsrichter ein furchtbar grobes Protokoll, in dem er den Herrn Brentano für einen Verräther an der Partei erklärte. Der Untersuchungsrichter trollte sich, der „exaltirte Jüngling", wie ihn Struve nannte, hielt an die Soldaten, die sich bei seiner Kasematte versammelt hatten, eine revolutionär spornende Ansprache. Nach drei Tagen wurde der „Attentäter" freigelassen.

Aus den Kasematten in die Reichsverfassungskampagne! Liebknecht kämpft in Reih und Glied, als „Soldat der Revolution", wie er sich im Leipziger Hochverrathsprozeß nannte. Der badische Aufstand bricht unter den Kugeln der vom preußischen Prinzen Wilhelm, dem Großen des Standrechts, der kein Pardon gab, zusammen. Die besten Kämpfer für deutsche Einheit, Macht und Freiheit starben wehrlos den blutigen Rebellentod — mit ihnen die Einheit, Macht und Freiheit Deutschlands selbst.

Umschwärmt von den hunnisch drohenden Preußen, entkam Liebknecht nebst Struve, dessen nie entmuthigter Frau und einigen anderen Freischärlern zunächst nach Frankreich. An der elsässischen Grenze gab es Schwierigkeiten. Man stellte die Flüchtlinge vor die Wahl: Entweder zurück nach Baden oder Einreihung in die Fremdenlegion. Man erklärte, es vorzuziehen, zur Einreihung in die Fremdenlegion nach Marseille zu marschiren, anstatt nach Rastatt zurückzukehren. Also wurden sie nach — Marseille transportirt, unter dem Schutz französischer Gendarmen, die mit den Republikanern fraternisirten. In der Nähe der Schweizer Grenze verschwanden dann die „Fremdenlegionäre", unter den Segenswünschen der blind hinter den Flüchtlingen her feuernden Gendarmen.

Zunächst ging es nach Basel. Die Rückkehr nach Zürich verbot sich. Liebknecht entschloß sich für Genf, der Stadt Calvins, Rousseaus und des Erfinders der Guillotine, um dort sich Heimath und Herd zu gründen. Mitte Juli traf er in Genf ein.

Das war das Ende des Freischärlerthums.

In einem anderen Sinne freilich ist Liebknecht bis zu seinem Tode ein echter Freischärler geblieben, alle Zeit bereit und gerüstet, für seine Sache die ganze Persönlichkeit, Leben und Existenz einzusetzen.

*
*   *

Liebknecht ist später der glänzende Historiker und der scharfe Kritiker der deutschen Revolution geworden. Niemand hat klarer als er die Mängel der „wunderbar naiven kindlichen" Bewegung erkannt. „Man hatte gewisse gemeinsame Phrasen und Schlag= wörter — Einigkeit und Freiheit des Vaterlandes, Preßfreiheit, verfassungsmäßige Regierung u. s. w. — bei denen sich Jeder etwas Anderes dachte, vorausgesetzt, daß er überhaupt etwas dachte, und die so lange gemeinsame Phrase blieben, als es nicht an die Ver= wirklichung ging. Im Moment, wo die Phrasen in Thaten und Staatseinrichtungen umgesetzt werden sollten, wo also die Praxis begann, mußten die Phrasen ihren Werth verlieren, hörten sie auf, das einigende Band zu bilden, und machten die bisher verhüllten Gegensätze sich geltend. Dem Märzrausch, der allgemeinen Einig= keit in den Flitterwochen der Revolution mußte der Katzenjammer, der Zwiespalt, die Enttäuschung auf dem Fuße folgen. Die Massen in Deutschland . . . hatten keinen fest krystallisirten politischen Gedanken . . . Die Führer der Bewegung waren Führer nur dem Namen nach . . . Auf diese Weise kam Deutschland in die tragikomische Lage, daß es, als ihm möglich war, Alles zu erreichen, nicht wußte, was es denn eigentlich wollte." (Robert Blum, S. 277.)

Gleichwohl, das Herz Liebknechts hing stets an diesen Heldenjahren überschwänglicher Jugendbegeisterung, deren Träger vorwiegend Studenten waren. Der ideale Zug, der durch diese akademische Bewegung ging, war ihm, bei aller Unklarheit und praktischer Unzweckmäßigkeit doch lieber, „als diese praktische Altklug= heit, die im Biertrinken und einem Staatsämtchen ihr Ideal findet, und ihre Philisterei, Kriecherei und Geistesarmuth mit chauvinistisch= patriotischen Phrasen zu verdecken sucht." (Robert Blum, S. 376.) Diese Studenten waren sicherlich keine großen Politiker, aber sie beschäftigten sich doch „mit den höchsten Problemen der Politik und Staatsmannskunst und geben sich weidliche Mühe, in das Wesen des Staats und der Gesellschaft einzudringen." (Robert Blum, S. 472.) Und ebenda erzählt Liebknecht, wie sie ganze Nächte durch zusammen= saßen und bald über das Wesen des Christenthums, bald über die Organisation der Arbeit oder irgend eine brennende Tagesfrage mit Feuereifer disputirten und disputirten. Das Marburger Kommersbuch ist erhalten, das der Hasso=Nassove seinem „Leib= fuchs" Baruch gewidmet hat: Volkslieder, Begeisterung für revo= lutionäre Freiheit und reine Menschengröße, Trutzgesänge wider die Sklavenvögte und Knechtseligen — kein bierlallender Kretinismus, kein talmi=patriotischer Radau und keine Zote; der Studirende von heute würde jenes Kommersbuch verächtlich seiner jungfräulichen Schwester übergeben.

Wer Großes leisten will, muß ein Ideal haben, das heißt ein großes, von kleinlichen Rücksichten und Berechnungen unab=

hängiges festes Ziel. Der echte Idealist ist immer zugleich Praktiker, wohingegen diese traurigen Realpolitiker weder Idealisten noch Praktiker sind. Das ist das idealistische Glaubensbekenntniß Liebknechts, das er im Robert Blum ablegt (S. 121).

Unter dem Einfluß von Marx bekehrte sich Liebknecht als praktischer Idealist gründlich von aller Revolutionsromantik, Verschwörerei und Putschsucht. Im Leipziger Hochverrathsprozeß wandte sich Liebknecht mit schönen Worten grundsätzlich gegen die brutale Gewalt als politisches Kampfmittel. „Nur der geistige Kampf ist menschlich, jeder andere Kampf thierisch, bestialisch. Wir sind Menschen und der Menschen menschliche Waffe ist das Hirn, nicht die Faust, die Nägel, die Zähne. Das Hirn, das Organ des Denkens ists, welches uns über das Thier erhebt; an körperlichen Kampfmitteln sind uns zahlreiche Thiere überlegen, an animalischem Muth mindestens gleich. Der Stier, der Tiger sind Riesen, verglichen mit dem Menschen, wenn die brutale Kraft, die Geeignetheit zum Kampf mit materiellen Mitteln den Ausschlag geben. Nicht an einen Kampf nach Art der Stiere, der Tiger, nicht an einen Kampf mit Fäusten, mit Zündnadelgewehren, mit Kanonen . . . denken wir also in erster Linie, sondern an den Kampf des Geistes, an das geistige Ringen und Erringen, ohne das ein realer Erfolg nicht zu hoffen ist. Ein Sieg auf den Barrikaden, ein gelungener Handstreich würde nichts nützen, wenn der Sieg auf geistigem Gebiet nicht vorher errungen wäre. Und haben wir die Welt geistig und moralisch erobert, dann haben wir auch gewonnenes Spiel. Ein anderer als geistiger Kampf kann unter Menschen nur durch die dringendste Nothwehr gerechtfertigt werden und ist, wenn diese nicht vorliegt, Barbarei, Unmenschlichkeit, Bestialität, und würde er noch so reichlich mit dem Heiligenschein des Ruhms ausgestattet." Aber der alte Freischärler bekannte zugleich trotzig: Wenn gegen ein Parlament, das sich in seiner Mehrheit für die Republik ausspräche, Gewalt zur Verhinderung ihrer Einführung gebraucht würde, dann würde er die Flinte von der Wand nehmen, um gegen die Fürsten und ihre Armeen zu kämpfen, gerade so, wie er es 1849 gethan habe.

Auch ein Altersgenosse und Duzbruder Liebknechts bekehrte sich schnell von dem Glauben an die Revolution als politisches Mittel, nachdem er sich in seiner Sünden Maienblüthe Karl Marx als kommunistischer Organisator von Bauernaufständen dringend empfohlen. Aber dieser Andere warf mit dem Mittel auch zugleich den ganzen Jugendballast seiner Ideale über Bord, und er strandete als blutiger Gründer, Millionär, Oberbürgermeister, preußischer Minister, als mittelst des schwarzen Adlerordens erblich Beadelter, höfischer Intriguant und Führer des agrarwucherischen Feudalismus. In die Geschichte freilich wird von Seiner Exzellenz, dem Herrn Johannes von Miquel im besten Falle nur die eine winzige

Notiz übergehen, daß er die preußische Steuergesetzgebung ein wenig verbessert habe. Liebknecht, der so unpraktisch und so doktrinär war, seiner Jugend treu zu bleiben, wird von der Nachwelt in den Adelstand der Menschheit erhoben werden.

*   *   *

Die Niederlage der Revolution schmerzte den Genfer Flüchtling. Aber diese Empfindung wurde von einem herb-sehnsüchtigen persönlichen Weh schier überrankt. Der Völkerlenz hatte für Liebknecht, den 23jährigen, auch den Liebesfrühling entwirkt.

Während der Untersuchungshaft zu Freiburg hatte er die Tochter seines Gefängnißinspektors kennen gelernt, fast noch ein Kind, ein anmuthiges Mädchen von 14 Jahren: Ernestine Landoldt. Seine Liebe ward erwidert, und als die Beiden schieden, hatten sie sich fürs Leben Treue gelobt.

Der Freischärler verließ nicht nur das Vaterland, beklagte nicht nur den Zusammenbruch aller politischen Hoffnungen, auch die Liebste blieb ihm in Deutschland zurück.

Vorwärts — hinein in den Kampf um eine bürgerliche Existenz Die Liebste harrt des Herds!

IV. Die Flüchtlingszeit.

In Genf wohnte Liebknecht mit einigen Kameraden zunächst in einer Villa „mit Aussicht auf den Montblanc". Er fühlte sich wie in einem Märchen. Nach ein paar Wochen vertrieb die üble Einrichtung der Miethszahlung die Flüchtlinge aus dieser verzauberten Welt. Ein journalistisches Unternehmen, ein Journal mit dem klangvollen Namen „Mummeltipuff" wurde geplant. Es erschienen auch wirklich ein oder zwei gedruckte Nummern, die erste mit den einführenden Versen:

> Reich an beißenden Gewürzen,
> Unerschütterlich im Spott,
> Märchenhaft im Zeitverkürzen,
> Muthig für und wider Gott,
> Engelgleich in Phantasien,
> Lächelnd in dem größten Pech,
> Trotzig gegen Apathien,
> Immer gleich und immer frech,
> Prahlend, blitzend, amüsirend,
> Unterhaltend jedem Ohr,
> Fromme Heuchler ennuyirend,
> Führen wir dies Blatt Euch vor.

Die Anfangsbuchstaben der Verse nannten den Titel des Blättleins. Die Genfer Flüchtlinge hatten nicht den Humor verloren, aber das — Geld. Der Drucker schnitt dem „Mummeltipuff" durch Versagung weiteren Kredits den Lebensfaden ab. Das bei dieser Gelegenheit aber gewonnene Erlebniß, daß Drucker und Setzer Geld verdienen, während seine bisherige Schriftstellerei nur Tinte und Papier kostete, mag Liebknecht bei seinen eifrigen Bemühungen, sich einen Beruf zu schaffen, auf den Gedanken gebracht haben, sich der Kunst des Winkelhakens zu weihen. Wie er in Gießen bei einem Zimmerer und in Marburg bei einem Büchsenmacher in die Lehre gegangen, so versuchte er es jetzt mit der Schriftsetzerei. Als er aber in drei Tagen noch nicht die Meisterschaft errungen, gab er das Unternehmen wieder auf.

Wirthschaftlich ging es Liebknecht in dieser Zeit nicht allzu knapp. Er scheint damals noch aus dem Familienerbtheil einiges Vermögen besessen zu haben. Er arbeitete für Mazzini, den italienischen Freiheits- und Einheitskämpfer, der zu jener Zeit in Genf lebte, honorarfreie Uebersetzungen und sonstige literarische Dinge, und war im Uebrigen ein allzeit jüdeles Mitglied der „Schwefelbande", dieser internationalen Verschwörergesellschaft zur Ausrottung alles zu erreichenden trinkbaren Weins, die außerdem die gefährlichsten Explosivstoffe zur Erschütterung des — Zwerchfells in ausgelassen ullenden Einfällen herstellten. Die Galgenhumoristen der Revolution!

Aber auch ernster politischer Thätigkeit gab Liebknecht sich in dieser Zeit hin. Er wurde Mitglied des Genfer Arbeitervereins. Er hielt dort Vorträge über das Kommunistische Manifest, über Demokratie, Proportionalwahl und namentlich über die politischen Vorgänge der jüngsten Vergangenheit und Gegenwart. Damals versuchte Liebknecht zum ersten Mal die sozialistische Beeinflussung des Proletariats. Er wurde bald Präsident des Vereins, und als die deutschen Arbeitervereine der Schweiz sich zusammenschlossen, Obmann des Bundes. Gegen seine kommunistische Agitation regte sich seitens der reinen Demokraten innerhalb des Vereins selbst Widerspruch. Es kam zu einer stürmischen Auseinandersetzung. Liebknecht blieb Sieger.

Im Februar 1850 wurde ein Kongreß der verbündeten deutschen Arbeitervereine nach Murten im Kanton Freiburg einberufen. Die Freiburger Regierung aber — eingeschüchtert durch die unablässigen Vorstellungen der reaktionären Sieger über die Revolution in Paris, Wien und Berlin — vereitelte den Kongreß und ließ Liebknecht verhaften. Der Schweizer Bundesrath befand sich in dem Glauben, Liebknecht beabsichtige die Arbeitervereine zu einem Putsch in Deutschland zu verwenden. So wahnsinnig diese Meinung war — diese Halluzination der Schweizer Regierung trieb Liebknecht abermals aus dem kaum gewonnenen Asyl ins Ungewisse. Zwei Monate währte die Untersuchungshaft in dem Schweizer Freiburg; das Thurmzimmer, das Liebknecht bewohnte, ließ ebenso wenig zu wünschen übrig wie die Behandlung — aber der Glaube an die

Freiheit der Schweiz war damals in dem Häftling arg erschüttert. Endlich kam die Entscheidung. Liebknecht war zur Ausweisung verurtheilt. Er entschloß sich, nach London überzusiedeln, wo Marx und Engels eine Zuflucht gefunden hatten. Der liebenswürdige kantonale Justizminister geleitete persönlich Liebknecht über die

Wilhelm Liebknecht im Jahre 1808.

Grenze bis zur ersten französischen Departementshauptstadt. Von der dortigen Präfektur erhielt er einen Zwangspaß nach Havre, unter der bestimmten Weisung, Paris zu meiden. Dennoch weilte Liebknecht auch ein paar Tage in Paris, gelangte dann glücklich nach Havre und London.

* * *

28

In den dreizehn schweren Jahren des Londoner Exils, die man folgten, wurde der jugendlich brausende Romantiker der Revolution zum Mann, zum Politiker, zum gewaltigen Erzieher des Proletariats geschmiedet. Die Schläge des Geschickes fielen hart und dicht, aber sie stählten Liebknecht und rüsteten ihn für seine große Aufgabe.

Während die europäische Bourgeoisie sich allmälig aus der revolutionären Schwärmerei zu Geschäft und Profit bekehrte und alle Jugendideale abschwor, während die Stürmer von 1848/49 theils in eitler Nichtsthuerei von den großen Erinnerungen prahlerisch lebten und sich an dem Morphium von Putschplänen berauschten, theils sich mit den „Verhältnissen", sehr zu ihrem Vortheil, „entwickelten" und sich auf den staatsmännischen Nationalliberalismus, die Bismärckerei, das Milliardenthum, die Scharfmacherei und die Weltpolitik vorbereiteten — lernte Liebknecht in der strengen Schule Karl Marx' denken, arbeiten, handeln, befestigte sich in dem Elend seiner äußeren Lage der strahlende Idealismus seines Wesens und der Glaube an die Erlöserkraft des Sozialismus. Das lede Freischärlerthum ging dabei nicht zu Grunde, wurde nicht verleugnet und verrathen, aber es reinigte sich zu politischer Klarheit, unbeugsamer Folgerichtigkeit und todeswilliger Hingabe an die Sache . . .

In London lernte Liebknecht Karl Marx kennen. Bald verband ihn innige Freundschaft mit dem großen Denker und reinen Menschen. Er gehörte mit zur Familie, und im Umgang mit ihm und Jenny Marx, seiner herrlichen Jugendgespielin und Lebenskameradin, im fröhlichen Verkehr mit den Kindern der Beiden, gewann Liebknecht immer wieder frischen Muth, wenn ihn das Elend hinabzuziehen drohte. Es war auch für die Familie Marx eine Zeit bitterster Entbehrungen. Liebknecht aber waren jetzt die früheren ererbten Mittel abgeschnitten; es heißt, daß sein Vermögen konfiszirt worden war. Bisweilen mußte Helene Demuth, die treue Haushälterin und Freundin der Familie Marx, in schlimmsten Augenblicken aushelfen.

Während die übrigen Flüchtlinge — so erzählt Liebknecht in seinen Marx-Erinnerungen — Pläne zum Weltumsturz schmiedeten, und Tag für Tag, Abend für Abend mit dem Haschisch-Trank des „Morgen wird es losgehen!" sich berauschten — saßen wir, die „Schwefelbande", die „Banditen", der „Auswurf der Menschheit" auf dem Britischen Museum und suchten uns auszubilden und Waffen und Munition zu bereiten für die Kämpfe der Zukunft. Manchmal hatte man keinen Bissen im Leibe, allein vom Gang ins Museum hielt das nicht ab — hatte man dort doch bequeme Stühle zum Sitzen und im Winter eine behagliche Wärme — was zu Hause fehlte, wenn man überhaupt ein „Zu Haus" oder „Heim" hatte.

Will man eine Vorstellung von jenen Leiden tiefsten Flüchtlingselends haben, so muß man die losen Tagebuchblätter Karl

Marx' lesen, wie die folgende erschütternde Klage: „Ostern . . .
1852 erkrankte unsere arme kleine Franziska an einer schweren
Bronchitis. Drei Tage rang das arme Kind mit dem Tode. Es
litt so viel. Sein kleiner entseelter Körper ruhte in dem kleinen
hinteren Stübchen, wir Alle wanderten zusammen in das vordere,
und wie die Nacht heranrückte, betteten wir uns auf die Erde. Da
lagen die drei lebenden Kinder mit uns, und wir weinten um den
kleinen Engel, der kalt und erblichen neben uns ruhte. Der Tod
des lieben Kindes fiel in die Zeit unserer bittersten Armuth . . .
(Das Geld zum Begräbniß des Kindes fehlte.) . . . Da lief ich
zu einem französischen Flüchtling, der in der Nähe wohnte und der
uns kurz vorher besucht hatte . . . Er gab mir gleich mit der
freundlichsten Theilnahme zwei Pfund Sterling. Mit ihnen wurde
der kleine Sarg bezahlt, in dem mein armes Kind nun jetzt in
Frieden schlummert. Es hatte keine Wiege, als es zur Welt
kam, und auch die letzte kleine Behausung war ihm lange
versagt." — Dort in der Churchstreet 14, wo Liebknecht acht
Jahre lang wohnte, war das Elend vielleicht noch größer.

So wurde unter Schmerzen und Thränen der Sozialismus
geboren, in der Noth jener Tage wurde ihm die geistige Unüber=
windlichkeit errungen, die ihn heute zur stärksten Kulturmacht er=
hoben hat.

Liebknecht trieb in dieser Zeit — unter Marx bestimmendem
Einfluß — politisch=soziale Studien. Zugleich erwarb er in den
dreizehn Jahren die tiefe Kenntniß englischer Geschichte, Verfassung
und Literatur; er blieb zeitlebens ein Bewunderer der bürgerlichen
Freiheit und Größe Englands, dessen Sprache er so sehr beherrschte
und liebte, daß er bis zu seinem Tode vertraute Familienbriefe
— so noch zuletzt die Briefe, die er von seiner italienischen Reise
im Februar=März 1900 an seine Frau richtete — englisch abzu=
fassen pflegte.

Seinen kärglichen Unterhalt erwarb er sich durch Ertheilung
von Unterricht und durch Korrespondenzen für die (Augsburger)
Allgemeine Zeitung, die damals noch den Ehrgeiz hatte, die besten
und freiesten Schriftsteller, unabhängig von der Gesinnung, als
Mitarbeiter heranzuziehen: Heinrich Heine hat ja auch viele Jahre
lang für dieses Blatt gearbeitet. Im Nachlaß Liebknechts haben
sich einige Notizblätter vorgefunden, die wohl aus dem Jahre 1859
stammen und über seine Mitarbeit an der „Allgemeinen Zeitung"
nähere Angaben machen. Die erste Korrespondenz ist vom Sep=
tember 1855 und beschäftigt sich mit Englands Verhältniß zu
Rußland. Ueber deutsche und besonders österreichische Verhältnisse
hat er nicht geschrieben, weil er seine Ansichten nicht frei hätte
entwickeln können. Uebrigens scheint Liebknecht zeitweilig auch für
das Cotta'sche „Morgenblatt" litterarisch=feuilletonistische Beiträge
geliefert zu haben.

Die Schulmeisterei bildete Liebknechts Haupterwerb, zu ihr war er geflüchtet, nachdem es ihm selbst nicht gelungen, den begehrenswerthen Posten eines — Briefträgers zu erhalten. Aber er unterrichtete nicht nur Kinder, sondern auch Erwachsene — Arbeiter; er hielt lange Jahre hindurch regelmäßig Vorträge im Londoner „Kommunisten-Klub", jener historischen Vereinigung, in der das Kommunistische Manifest entstanden ist, welches die Revolution in die Köpfe trug . . . .

Und als Wilhelm Liebknecht so viel erwarb, daß er meinte, es sei zu viel für ihn allein, rief er seine Liebste aus Freiburg. Sieben Jahre waren vergangen, seitdem sie sich verlobt. Ernestine Landoldt hatte mit ihrer Familie die schwersten Kämpfe zu bestehen; erst kurz vor ihrem frühen Tode söhnte sie sich mit den Ihrigen aus. Jetzt kam das muthige Mädchen zu dem armen Flüchtling — in ein Leben voll Liebe und Entbehrung. In London wurde ihnen ein Sohn Richard geboren, der nur ein Alter von zwei Jahren erreichte. Kurz nach seinem Tode kam ein Mädchen zur Welt, Alice — die hernach die Frau Bruno Geisers ward. In den Bedrängnissen der Londoner Zeit ist wohl der Keim der Krankheit entstanden, die Ernestine Landoldt früh ihrem Manne entriß.

Ein Tröster aber blieb Liebknecht wie Marx auch in jenen harten Jahren treu: der Humor. Sie lachten am meisten, wenn es ihnen am traurigsten ging. Und wenn es der Zufall fügte, tobte sich die ungebrochene Kraft selbst in Studentenstreichen aus, daß alle Misere des wirthschaftlichen Daseins wie ein Nichts versank.

Der lachende und spottende Humor hat später auch der Sozialdemokratie die bedrohlichsten Tage des Martyriums überwinden helfen.

V. Kleinpreußen und Großdeutsch.

Als Liebknecht London verließ, war sein politischer Charakter abgeschlossen. Er hatte seine Aufgabe erkannt: Er wurde der große Mittler der Wissenschaft und Weltanschauung Karl Marx's. Nicht in dem Sinne, als ob er der Sklave des gewaltigen Denkers gewesen wäre! Ganz im Gegentheil: Liebknecht war nie ein — ianer oder — ist. Als sein Sohn, der den Vornamen Marxens trägt, bei der Erörterung seiner Berufswahl, erklärte, er wolle Nationalökonom werden und den Marxismus vertheidigen, gerieth der Vater in ernsthaften Zorn ob solchen Verzichts auf geistige Selbständigkeit. Liebknecht faßte seine „Mittler"-Thätigkeit so frei auf, daß er zeitweilig mit Marx in Konflikt gerieth. Eines Tages fand er sich — so erzählt Liebknecht in seinen Marxerinnerungen — des Vergehens angeklagt, durch seine Thätigkeit im Londoner

31

Kommunistenverein gegen die Prinzipien verstoßen, taktisch und theoretisch verwerfliche Konzessionen gemacht zu haben. Marx verbat sich solche Mittlerthätigkeit; wenn er den Arbeitern etwas zu sagen habe, so könne er es selbst sagen. Das bestritt Liebknecht nicht, erklärte es aber für eine verrückte Taktik, wenn eine Arbeiter= partei hoch über den Arbeitern sich in ein theoretisches Luftschloß einsperren wolle; ohne Arbeiter keine Arbeiterpartei, und die Arbeiter müßten wir doch nehmen wie sie sind. Der Streit spitzte sich zu und Liebknecht mied einige Monate das Marx'sche Haus.

Am 18. Oktober 1861 erhielt Wilhelm I. die Königskrone, die nach seiner Behauptung von Gottes Gnaden war. Der Thron= besteigung folgte eine Amnestie und nichts stand mehr im Wege, daß Liebknecht nach Deutschland zurückkehrte — nichts außer die Frage der Existenzmöglichkeit. Und diese bot sich, als der Achtund= vierziger August Braß, der einstige Tyrannenblutfärber, in Berlin die „Norddeutsche Allgemeine Zeitung" begründete, als Organ für großdeutsch=republikanische Bestrebungen. Braß bot Liebknecht die Redaktion der auswärtigen Angelegenheiten an, der denn auch im August 1862 nach Berlin übersiedelte. Die Herrlichkeit war kurz, im Herbst — als Wilhelm I., müde des ewigen Kampfes mit der rebellirenden Bourgeoisie, sich mit Rücktrittsgedanken trug — über= nahm Graf Bismarck die Regierung und machte sich sofort ans Werk, das liberale Bürgerthum niederzuwerfen und das groß= deutsche Demokratenthum für alle Zeiten dadurch zu vernichten, daß er mit Blut und Eisen die preußisch=reattionäre Macht stabilisirte. Die drei Kriege, die Bismarck dann führte, dienten diesem Ziel, indem sie die preußische Hausmacht stärkten und zugleich das wirth= schaftliche Interesse des Bürgerthums an der Einheit sättigten: Als sich die Einheit auch in reaktionärer Form profitabel erwies, entdeckte ja die Bourgeoisie bald, daß sich ihr Traum von 1848 eigentlich er= füllt habe. Die Kleinigkeit, daß die reaktionäre Einheit von 1870 ungefähr die endgiltige Vernichtung der revolutionären Einheit von 1848 bedeutete, störte die verdienstschweren Renegaten des frei= gesinnten Bürgerthums nicht.

Einstweilen aber wollte die Bourgeoisie von dem muckerisch= militaristischen Monarchenthum des nachmaligen großen Wilhelm ebenso wenig wissen, wie von dem forschen und rüden Junker Bismarck. Dieser aber war selber so sehr Bourgeois, daß er von der Kaufkraft des Geldes eine außerordentlich hohe Meinung hatte. Alles, aber auch Alles läßt sich kaufen — dieses oberste religiöse Dogma der Bourgeoisie, beherrschte gleichsinnig den ostelbischen Junker. Er machte sich also ans Kaufen. Und der Erste, der zu Bismarck sich insgeheim „bekehrte", war August Braß und seine „Norddeutsche Allgemeine Zeitung".

Redakteur Liebknecht merkte bald den Windumschlag. Braß leugnete, überließ dem Mißtrauischen völlige Freiheit in seinem

Reffort und erkärte sich sogar mit der Aufnahme radikal-sozialistischer Artikel einverstanden. Liebknecht aber, der wohl von Anfang an Bismarcks Spiel durchschaut hatte, die ungefährlich erscheinende Arbeiterbewegung zu schüren und zu begünstigen, um die Bourgeoisie einzuschüchtern, ließ sich nicht beirren.

In diesen Tagen entschied sich das menschliche und historische Geschick Liebknechts und vielleicht auch — wenigstens für lange Zeit — die Richtung der deutschen Arbeiterbewegung. Wäre Liebknecht damals nur einen Zoll breit von seiner Ueberzeugung abgewichen, hätte er die kleinste Konzession gemacht, so wäre er wahrscheinlich — wie Lothar Bucher und Andere — zu einer behaglichen, angesehenen Stellung, zu Orden und Ehren gekommen, hätte für Wilhelm I. Thronreden stilisirt und wäre schließlich gelegentlich Excellenz geworden, ein unfruchtbarer Günstling des Tagesglücks, der heute auf der Höhe steht und den die Geschichte, die wirkliche Geschichte, dann unbarmherzig ausstreicht, wie alle Lakaien und Parasiten der herrschenden Gewalt.

Mancherlei mochte Liebknecht damals verführerisch locken, ein wenig, ein ganz klein wenig nachzugeben — er hätte sich ja nur, wie die anderen, einzureden brauchen, daß er sich zu einer besseren Ansicht belehrt habe, daß er sich „entwickelt" habe, statt in zähem Doktrinarismus zu erstarren. Hatte er nicht die Pflicht, seine Familie endlich aus dem Elend zu retten, für deren Zukunft zu sorgen, wo doch seine Fähigkeiten und sein Wissen ihm alle Mittel in die Hand gaben? Das war kein Grund für Liebknecht, dessen Herz zwar tief und innig im Familienhaften wurzelte, der aber trotzdem der Anschauung Robert Blums war, der einmal an seine Schwester schrieb: „Ich bin sehr glücklich in meiner Häuslichkeit, aber ich habe sie erst dann begonnen, als ich meiner Frau auf das Bestimmteste erklärt, daß ich sie und meine Kinder verlasse, sobald eine höhere Pflicht mich ruft; und dies steht fest bei mir — allerdings auch bei meiner Frau —, daß selbst die Gewißheit, daß die Meinen betteln müßten, mich nicht einen Augenblick abhalten würde, mein Leben einer großen Sache, meinem Vaterlande zu weihen."

Gefährlicher war eine andere Erwägung. Hier bot sich für Liebknecht plötzlich die Gelegenheit, fast mühelos für die Arbeiterbewegung und den Sozialismus werthvolle Errungenschaften zu gewinnen. War es nicht klüger, dem Proletariat auf Kosten der Bourgeoisie einige Vortheile zu verschaffen, was hatte der Arbeiter von den bürgerlich-großdeutsch-demokratischen Idealen, wenn er dabei hungern mußte? War nicht ein Bismarck'sches reaktionäres Preußen, das sich auf den Arbeiter stützte und sie unterstützte, einer demokratischen Bourgeoisrepublik mit schrankenloser Ausbeutung vorzuziehen? Das waren Argumente, die bis auf unseren Tag immer wiederholt worden sind — bis herab zu unseren hunnisch-christlich-national-sozialen Klugschwätzern. Liebknecht war zu hellseherisch und feinhörig, um sich für derartige Pläne ausbeuten zu lassen. Er hatte von Marx die Untrennbarkeit des demokratischen und sozialistischen Kampfes gelernt, er lachte über die Zumuthung, daß das Proletariat seine ganze Zukunft um ein paar zeitliche sozialistelnde Liebesgaben an einen hochmögenden Staatsgönner verschachern solle — einem dummen Hans im Glücke gleich —, er erkannte scharf, daß die Arbeiter bis zu einem gewissen Grade die gleichen Interessen haben, wie die bürgerliche Demokratie, nie und nimmer aber mit dem feudal-militaristischen Junterthum zusammen= gehen, ihm als willkommene Schutztruppe dienen dürfe.

Es gab für Liebknecht keine Wahl — er ging aus der Redaktion der „Norddeutschen Allgemeinen Zeitung" ins wirthschaftliche Nichts. Das war für ihn die gefährlichste Krisis seines Lebens.

Das Elend des Londoner Exils setzte sich nun auf deutschem Boden fort. Liebknecht unterhielt seine Familie durch Korre= spondenzen für auswärtige Blätter; in dem demokratischen Publizisten Guido Weiß fand er damals einen stets bereiten Helfer. Auch suchte Liebknecht, der Sprachenkundige, Anschluß an die wissenschaft= lichen Philologenkreise; vielleicht hatte er auch damals die Hoffnung auf eine Gelehrtenlaufbahn noch nicht völlig aufgegeben. Darauf deutet wenigstens der Umstand hin, daß er im Januar 1863 als ordentliches Mitglied von der Berliner Gesellschaft für das Studium der neueren Sprachen aufgenommen wurde.

In einer handschriftlich erhaltenen Korrespondenz aus jener Berliner Zeit vom 3. April 1863 tadelt er anläßlich einer Polen= debatte im preußischen Abgeordnetenhause die Fortschrittspartei wegen ihrer — Ausländerei: „Die Fortschrittspartei legt über= haupt der öffentlichen Meinung des Auslandes zu großes Gewicht bei, und vergißt zu sehr, daß es eher ein Verdienst als ein Ver= brechen für einen deutschen Minister ist, von fremden Regierungen, die Deutschland feindlich sind, angeklagt zu werden. Deutsche Volks= vertreter gleich deutschen Staatsmännern sollen nicht um die Gunst des Auslands buhlen, und nicht, wie wir es bei der Fortschritts= partei mehrfach zu bemerken hatten, sich auf die Zustimmung Europas berufen, mit französischer Eitelkeit damit prahlen, daß sie die Blicke Europas auf sich gezogen. Umgekehrt soll man aber auch dem Ausland gegenüber sich keine Blößen geben, wie Herr Bismarck es gethan. Von der Bonapartisch=Palmerston'schen Presse angegriffen werden, ist an sich kein Unrecht, ein großer Nachtheil aber ist es, von ihr mit Recht angegriffen zu werden." Die Sätze zeigen sehr hübsch, wie Liebknecht seine Vaterlandslosigkeit auffaßte, und sie bilden eine Ergänzung zu den prächtigen Lehren über den rechten Patriotismus, die er in den Marx=Erinnerungen giebt: „Der „Patriotismus" ist eine Krankheit, von der ein vernünftiger Mensch nur im Auslande befallen wird; denn im Inland giebts der Erbärmlichkeit so viel, daß Jeder, der nicht an Hirnlähmung und

Rückgratverkrümmung leidet, gegen den Bazillus dieser politischen Drehkrankheit gefeit ist, die auch Chauvinismus, Jingoismus heißt, und am gefährlichsten ist, wenn die von ihr Ergriffenen die Augen stramm verdrehen und den Namen Gottes im Munde führen. In Sachsen lobe ich Preußen, in Preußen lobe ich Sachsen, hat Lessing gesagt. Und das ist der vernünftige Patriotismus, der die Schäden im Vaterland durch das Beispiel des — wirklich oder vermeintlich — Besseren im Ausland zu heilen sucht."

Liebknecht hatte niemals Sinn für die fortschrittlich-manchester-lichen Aeußerungsformen des Idealismus. Wie er später die bürger-lichen Friedens- und Abrüstungsspielereien verspottete, so verhöhnte er schon in einer Londoner Korrespondenz vom April 1862 den wackeren Cobden, dem Bonaparte ein Friedensapostel war, ob der „Vorführung seines abgeschmackten Friedenssteckenpferdes". Auch der fortschrittliche Internationalismus behagte Liebknecht nicht.

Nachdem Liebknecht sich zu dem Bismarck'schen Sozialistenspiel nicht hergegeben, begannen für ihn allerlei polizeiliche Chikanen, die sich aber Anfangs noch harmlos zeigten. Das wurde aber anders, als er offen gegen den Regierungssozialismus auftrat. Liebknecht ward Mitglied des Lassalle'schen Arbeitervereins, ohne ein inneres Ver-hältniß zu ihm zu gewinnen oder auch nur sonderlich aktiv thätig zu sein. Gegen die Politik des Herrn v. Schweitzer jedoch, der nach dem Tode Lassalles diktatorisch die Berliner Arbeiter beherrschte, trat er dann offen hervor. Er legte dar — Hochverrathsprozeß, Seite 74 —, daß ein einseitiges Vorgehen gegen die Bourgeoisie blos dem Junkerthum zu Gute kommen würde, daß das in Aus-sicht gestellte allgemeine Stimmrecht ohne freies Vereins- und Ver-sammlungsrecht und ohne Preßfreiheit nichts Anderes sei als ein Werkzeug der Reaktion, und daß „Staatshilfe" von einer Junker-Regierung blos gewährt werden könne, um die Arbeiter zu be-stechen und den Zwecken der Reaktion dienstbar zu machen.

Mit solcher Agitation traf Liebknecht die Bismarck'schen Pläne ins Herz. Der listige Graf verfolgte damals, wie später, das Prinzip der „Vogelkojen", in denen die Wildenten seit Alters her gefangen werden: Man gräbt Südwasserkanäle ins Meer und siedelt auf den Kanälen gezähmte Wildenten an; diese locken die richtigen Wildenten, die das süße Wasser lieben, von der See in die Kanäle, die sich verengen, bis die armen Opfer menschlicher Hinter-list in die Netze gerathen; das Ende ist, daß ihnen der Hals um-gedreht wird. Liebknecht warnte die Wildenten, vor den gezähmten Kollegen und den süßen Wassern. Solche Warnungen mußten ver-hindert werden. Und folgst Du nicht willig, so brauch ich Gewalt! Liebknecht wurde im Sommer 1865 von einem Schutzmann auf die Polizei geholt: Binnen 24 Stunden habe er Berlin und Preußen zu verlassen. Eine Beschwerde an das Ministerium verschaffte ihm einen Monat Frist. Die Ausweisungsordre wurde bestätigt —

35

Liebknecht mußte Berlin verlassen, wo es ihm gerade in der letzten Zeit gelungen war, eine erträgliche Existenz zu erringen. Die Ausweisung traf ihn unter den schlimmsten Verhältnissen. Kurz vorher war die zweite Tochter — Gertrud — geboren, die Mutter ohnehin, in Folge der Londoner Entbehrungen und Kümmernisse kränkelnd, noch unter den Nachwirkungen des kaum überstandenen Wochenbettes leidend. Frau Ernestine brach ohnmächtig zusammen, als sie die Unglücksbotschaft erhielt. Sie blieb mit den beiden Kindern in Noth, Siechthum und Ungewißheit zurück. Ein Versuch, in Hannover, wo Robert Schweichel ein Blatt leitete, unterzukommen, scheiterte. Dann kam er nach Leipzig, wo er endlich eine Heimstätte fand — für 15 volle Jahre. Hier lernte er Bebel kennen, dem er zum Lehrer wurde.

Die äußere Lage Liebknechts blieb trüb. Die Familie, die einige Monate später nach Leipzig übersiedelte, litt am Nothwendigsten Mangel. Sie mußte von den kleinen Einnahmen leben, die Liebknecht für seine Vorträge im Leipziger Arbeiterbildungsverein, für Versammlungsreden, sowie für seine Mitarbeit an dem Freiburger „Oberrheinischen Kurier" und der „Grazer Tagespost" erhielt. Aber seine Wirksamkeit begann sich jetzt reich zu entfalten. Als Lehrer des Proletariats gewann er schnell eine Menge begeisterter Schüler. Im September 1865 hielt er die erste Volksversammlung in Thurm im Mülsengrunde, andere folgten.

Inzwischen zog der österreichische Bruderkrieg am Horizont auf. Eine Volksversammlung wurde einberufen, in der die allgemeine Volksbewaffnung und der Volkskrieg gegen Bismarcks Politik gefordert wurde; demokratische Professoren betheiligten sich an der Kundgebung

Sachsen wurde von Preußen besetzt und unter die Diktatur eines Zivilgouverneurs gestellt, der in Dresden residirte. In Liebknecht regte sich das Freischärlerblut, er bedurfte eines Kampforgans und — welch Glück — es fand sich in der Gestalt eines bankerotten nationalliberalen Organs, der „Mitteldeutschen Volkszeitung". Und nun hören wir Bebels ungemein charakteristischen Bericht*): „Liebknecht eilte zu dem Drucker und erbot sich, das Blatt zu übernehmen. Der arme Teufel von Drucker ging bereitwillig auf den Vorschlag ein. Wir waren über Nacht in den Besitz einer Zeitung gelangt, ohne daß wir einen Heller in der Tasche hatten, um die Druckkosten zu bezahlen. Aber derartige philisterhafte Erwägungen haben nie unseren Alten beirrt. Die Aussichten, ein Blatt in die Hände zu bekommen, in dem er unumschränkt herrschte, waren zu verlockend, als daß er widerstehen konnte. Als er zu mir kam und mir freudestrahlend die Nachricht mittheilte, schlug ich vor Schreck die Hände über den Kopf zusammen und auf die Frage:

*) Vergl. Bebels aufschlußreiche persönliche Erinnerungen im „Wahren Jakob" vom 28. August 1900.

3

woher wir denn das Geld zur Unterhaltung des Blattes nehmen
sollten, antwortete er heiter: das brauche vorläufig uns nicht zu
beunruhigen, einstweilen kreditire der Drucker, alles Weitere werde
sich schon finden . . . Da war guter Rath theuer. Doch der
Dresdener Zivilgouverneur war der rettende Engel. Liebknecht
hatte, sobald das Blatt in seinen Händen war, mit einer solchen
Vehemenz gegen die preußische Okkupation losgehauen, als sei nicht
der preußische Zivilgouverneur, sondern der politische Herr in
Sachsen. Die Folge war, daß bereits am dritten oder vierten Tage
das Blatt einem Verbot zum Opfer fiel. Liebknecht war wüthend,
aber ich athmete auf . . . ."

Zum Geschäftsmann war eben Liebknecht nicht geboren und
vor allen Geldangelegenheiten hatte er zeitlebens eine heilige Scheu.
Uebrigens ist der von Liebknecht geschriebene Entwurf des Vertrags
mit dem Buchdrucker Colditz noch in seinem Nachlaß vorhanden, und
wir entnehmen daraus, daß Liebknecht an dem Aufschwung des
Blattes nicht den mindesten Zweifel hegte. Verpflichtete man sich
doch sogar, die auf dem Blatt haftende Schuld von 800 Thalern zu
übernehmen und davon 200 Thaler binnen drei Tagen, 100 Thaler
am 1. August, 200 Thaler am 1. Mai 1867 u. s. w. abzuzahlen. —

Nach dem Friedensschlusse reiste Liebknecht nach Berlin. Die
Neuordnung der Verhältnisse — der Norddeutsche Bund — dazu
die Amnestie, veranlaßte ihn zu der Meinung, seine Aus-
weisung sei damit erledigt. Liebknecht wurde aber wegen Bann-
bruchs verhaftet, in die Stadtvogtei abgeführt und nach drei
Wochen Untersuchungshaft zu drei Monaten Gefängniß verurtheilt.
Während der Untersuchungshaft bekam die Familie keine Nachricht.
Seine Frau glaubte, es sei ihm ein Unglück zugestoßen. Wie sie
dann nach Wochen langer Ungewißheit die Verurtheilung ihres
Mannes erfuhr, empfing ihre schwer erschütterte Gesundheit die
Todeswunde. Als Liebknecht aus dem Gefängniß zurückkehrte,
fand er Frau Ernestine sterbend. „Nie werde ich es vergessen," so
schreibt mir seine Tochter Alice, „wie ihm — dem sonst so Starken —
die Thränen aus den Augen stürzten, als er sein Weib so wiederfand."
Im Mai 1867 starb die Geliebte seiner Jugend, seine Freischärlerin;
seine beiden Töchter waren damals acht und zwei Jahre alt.

Das war die qualvollste Zeit seines Lebens. Gegen die Aus-
weisungsbefugniß der Polizei richtete sich die erste Rede, die
Liebknecht im Norddeutschen Reichstag hielt. Sein Antrag, den er
in den Verhandlungen über das Paßgesetz am 30. September 1867,
stellte, wurde abgelehnt; er wiederholte ihn am 23. Oktober, als
das Freizügigkeitsgesetz zur Berathung stand. Als die Rechte in
Gelächter ausbrach, flammte die Erregung Liebknechts jäh empor
und er rief den lachenden Herren die tief erschütternden Worte zu:
„Sie nehmen solche Dinge sehr leicht. — Ich kam nach Hause

zurück, ich fand mein Weib sterbend —, sie ist gestorben und Die-
jenigen, welche mich auswiesen, mein Familienglück zerstört haben,
sie haben den Tod meiner Lebensgefährtin auf dem Gewissen! Das
ist ein Fall! Ich bin nur Einer von Vielen. Hunderte, namentlich Arbeiter — werden alljährlich so traktirt. . . ."

Die persönlichen Leiden Liebknechts steigerten nur seine öffentliche Thätigkeit. Diese Jahre sind erfüllt mit einer unermüdlichen
Arbeit an der Organisation und Aufklärung der Arbeiter, mit den eben
so leidenschaftlichen wie prinzipiell und taktisch entscheidenden Kämpfen
gegen den „Bismärck'schen Sozialdemokraten" Herrn von Schweitzer,
vor Allem aber mit den wuchtigsten und unerschrockensten Angriffen
auf die kleinpreußische Annexions- und Brutalitätspolitik Bismarcks.

Auf einer Landesversammlung zu Chemnitz gelang es, die
sächsischen organisirten Arbeiter auf ein entschieden demokratisch-
sozialistisches Programm zu einigen. Dabei behielt man Fühlung
mit der bürgerlichen Demokratie. Bei den ersten Wahlen zum
Norddeutschen Reichstag siegte Liebknecht im Kreise Stollberg-
Schneeberg. Anfang 1868 gelang es, ein eigenes Organ zu gründen,
das „Demokratische Wochenblatt"; das Anlagekapital betrug zehn
Thaler. Im September 1868 wurde auf dem Vereinstag der
deutschen Arbeitervereine zu Nürnberg ein vom Leipziger Vorort
ausgearbeitetes Programm angenommen, das im Wesentlichen die
Grundsätze und Forderungen der von Marx geleiteten Internationalen Arbeiterassoziation enthielt. Robert Schweichel hielt das
Referat. Es gab heftigen Widerstand. Ein „Arbeiterfreund" und
Delegirter, der Banquier Thorade aus Oldenburg schloß seine Rede:
„Lehnen Sie das Programm ab und lassen Sie sich nicht bestricken
durch den dämonischen Zauber der Phrase!" Dämonisch muß
der Zauber in der That gewesen sein; denn auch Lassalleaner erklärten sich mit dem Programm einverstanden. Den Hauptwider-
stand fand die Vereinigung von politischer (demokratischer) und
wirthschaftlicher Aktion. Indem Liebknecht sich in seinem Schluß-
wort gegen die Unpolitischen wandte, erklärte er: „Während Sie
Ihre politische Parteistellung wesentlich als Feinde der Arbeiter
gewählt haben, muthen Sie diesen zu, die politische Frage von der
sozialen zu trennen! Die Arbeiter sollen sich mit Politik be-
schäftigen, Sie sind so gnädig, ihnen das zu erlauben, aber sie sollen
in ihren Arbeitervereinen keine bestimmte Parteipolitik treiben. Mit
anderen Worten, sie sollen fortfahren, **Ihre** Politik zu treiben:
der Politik der Bourgeoisie, der Feinde der Arbeiter. Von Ihrem
Standpunkt haben Sie recht; so lange die Arbeiter Ihrem Wunsche
gemäß handeln, sind sie an Ihrem Gängelbande. Und das muß
nun enden. **Weil die soziale und politische Frage un-
trennbar sind, erheischt das Interesse der Arbeiter, daß
sie sich von ihren sozialen Gegnern auch politisch**

3*

trennen." Das lösende Wort, auf dem die Kraft der modernen Arbeiterbewegung beruht! Das Marxistische Programm wurde mit 69 gegen 46 Stimmen angenommen. Einstimmig wurde auf dem Nürnberger Vereinstag eine Resolution gegen die dynastisch-absolutistischen stehenden Heere und für die demokratische allgemeine Volksgewaffnung angenommen. Liebknecht begründete die Resolution:

„Der Cäsarismus jenseits des Rheins wird durch das „Verhängniß", durch die „Logik der Thatsachen" zum Krieg gegen den Cäsarismus diesseits des Rheins gedrängt. Der Zusammenstoß ist unvermeidlich. Die Völker können nur gewinnen, wenn ihre Feinde sich untereinander zerfleischen. Aber sie dürfen dann auch nicht die Sache ihrer Feinde zu ihrer eigenen machen. Es muß um jeden Preis verhindert werden, daß der kommende Krieg einen nationalen Charakter annehme. Der Mann, der am 2. Dezember 1851 die französische Republik meuchelte, kann eben so wenig der Vertreter der französischen Nationalinteressen sein als die Männer, die Deutschland im Sommer 1866 meuchelten, Vertreter der deutschen Nationalinteressen. Jede Niederlage des napoleonischen Cäsarismus ist ein Sieg des französischen Volks; jede Niederlage des Bismarck'schen Cäsarismus ist ein Sieg des deutschen Volks. Wir Norddeutsche sind vorläufig vergewaltigt. Aber Sie im deutschen Süden sind noch nicht völlig gefesselt. Zerreißen Sie die Schlinge der Militärverträge, und ersparen Sie Europa, der Welt jene Todsünde wider den heiligen Geist der modernen Zivilisation: einen Nationalkrieg zwischen Frankreich und Deutschland. In Ihrer Hand liegt es. Thun Sie Ihre Schuldigkeit, und der Krieg der Cäsaren wird zum Auferstehungsfest der Völker."

Zu Eisenach fand dann am 7., 8. und 9. August 1869 jener allgemeine deutsche sozialdemokratische Arbeiterkongreß statt, aus dem in der Folge die eine untrennbare deutsche Sozialdemokratie hervorgewachsen ist. Das „Demokratische Wochenblatt" erschien hinfort unter dem Titel „Der Volksstaat" und unter der Leitung Liebknechts dreimal wöchentlich als Zentralorgan der neu begründeten „sozialdemokratischen Arbeiterpartei", der „Eisenacher", wie sie im Gegensatz zu den „Lassalleanern" und „Schweitzerlingen" genannt wurden.

Den Kampf gegen Bismarck führte Liebknecht vor Allem auch im Norddeutschen Reichstag. Weil er den großdeutsch-demokratischen Gedanken vertrat, weil er die Opposition gegen die preußische Diktatur unter allen Umständen unterstützte und für die durch offenkundigen Hochverrath — die Hochverräther kamen freilich nicht ins Zuchthaus, sondern zu hohen Würden —, durch die niederträchtigsten Täuschungen und das politische Faustrecht niedergeworfenen Opfer der dynastischen Revolution Bismarcks die sittliche Sympathie empfand, die Liebknecht stets für die Unterdrückten hatte, wurde er

39

in Schmähungen faſt erſtickt. Es war noch das Mindeſte, daß man ihm den lächerlichen Vorwurf eines Partikulariſten machte, man beſchimpfte ihn als öſterreichiſchen Polizeiagenten, als eine Kreatur des Welfenkönigs, der die Agitation und Partei Liebknechts aus= halte u. ſ. w. Bismarck, der den Umſturz der alten europäiſchen Legitimität bewirkte, der, ohne mit der Wimper zu zucken, mit den Gottesgnadenkronen wie mit werthloſem Tand ſpielte, der Länder raubte, wenn ſie nur werthvolle Vermögensobjekte für den preußiſchen Junkerſtaat waren, dieſer Bismarck fürchtete ſich vor dem bloßen Wort der Wahrheit und fand ſeine größte Sorge darin, ſich eine Rüpelgarde feudaler und bourgeoiſer Helden heranzuziehen, die mit johlenden Mäulern und geballten Fäuſten die freie Kritik einzuſchüchtern ſuchten.

Den Norddeutſchen oder wie er ihn nannte, den „Berliner“ Reichs= tag hielt Liebknecht blos für „ein Schlachtfeld zur Bekämpfung des Norddeutſchen Sonderbundes“, in ſeinem einſamen Kampf durch den feſten Glauben befeuert, die preußiſchen Arbeiter würden wieder gut machen, was die Junker verbrochen. Unter bornirter Heiter= teit und lärmender Unruhe begründete Liebknecht eine Reſolution zu Gunſten „einer Volkswehr nach ſchweizeriſchem Muſter“, vom Präſidenten unterbrochen, als er an die Niederkartätſchung der Reichsverfaſſungskampagne erinnernd, ſagte, Preußen habe auf dem Schlachtfeld die deutſche Einheit und Freiheit niedergeworfen. Als er aber gar den Reichstag als das „Feigenblatt des Abſolutismus“ bezeichnete, heulte das hohe Haus, fuchtelte mit den Fäuſten und ſchrie in betäubendem Chorus: Runter von der Tribüne! Heraus! Heraus! Herunter.“ In dem Lärm ging der Ordnungsruf, den der „liberale“ Präſident von Simſon über ihn verhängte, verloren.

Die Fehden mit Herrn v. Schweitzer müſſen an dieſer Stelle übergangen werden. Mag man ſelbſt an ſeiner Ehrlichkeit nicht zweifeln, daß Schweitzer kurzſichtigſte Augenblickspolitik getrieben, hat die fernere geſchichtliche Entwickelung unzweideutig bewieſen. Aus dieſer Stellungnahme aber gegen alle Verſuche, die Demokratie von der Arbeiterbewegung zu trennen und durch ſozialiſtelnde Konzeſſionen das Proletariat für die reaktionäre preußiſche Politik zu kaufen, erklärt ſich jener große taktiſche Irrthum Liebknechts, der in mancher Hinſicht die fortſchreitende Selbſtklärung der Sozialdemokratie — wenn auch nur für Momente — gehemmt hat: Ich meine ſeine damalige Stellung zum Reichstag und zum Parlamentarismus.

Am 31. Mai 1869 hielt Liebknecht im demokratiſchen Arbeiter= verein zu Berlin ſeinen bekannten und ſpäter noch viel erörterten Vortrag „Ueber die politiſche Stellung der Sozialdemokratie, ins= beſondere mit Bezug auf den Reichstag“. Als die Frage erörtert wurde, ob man ſich überhaupt an den Wahlen zum Norddeutſchen Reichstag betheiligen ſollte, war ein Theil der Parteifreunde über= haupt gegen jede Betheiligung. Man entſchied ſich für das Wählen.

Liebknecht persönlich meinte, die gewählten Vertreter müßten mit einem Protest in den Reichstag eintreten und sollten ihn dann sofort wieder verlassen, ohne indeß das Mandat niederzulegen. Mit dieser Ansicht wurde Liebknecht zwar überstimmt, aber die Abweisung jeder praktischen Thätigkeit im Reichstag und die Beschränkung auf rein agitatorische Zwecke blieb wohl bei der Mehrzahl der Eisenacher taktischer Grundsatz. In dem Vortrag vom 31. Mai vertheidigte Liebknecht diese Auffassung. Man kann es sich heute kaum noch vorstellen, wie Liebknecht gegenüber den Versuchen, bei der Berathung der Gewerbeordnung Vortheile für das Proletariat zu gewinnen — auch Bebel betheiligte sich an solchen Bemühungen, und sogar erfolgreich — wie folgt argumentiren konnte: „Die Sozialdemokratie darf unter keinen Umständen und auf keinem Gebiet mit den Gegnern verhandeln. Verhandeln kann man nur, wo eine gemeinsame Grundlage besteht. Mit prinzipiellen Gegnern verhandeln, heißt sein Prinzip opfern. Prinzipien sind untheilbar, sie werden entweder ganz bewahrt oder ganz geopfert. Die geringste prinzipielle Konzession ist die Aufhebung des Prinzips. Wer mit Feinden parlamentelt, parlamentirt; wer parlamentirt, paktirt."

Man denke: Diese Anklage wurde nicht etwa gegen den Vorschlag, bei Wahlen mit der Bourgeoisie oder dem Junkerthum zusammenzugehen, geschleudert, sondern gegen die heute als ganz selbstverständlich geltende Ansicht, es sei die Aufgabe parlamentarischer Vertreter, die Gesetze möglichst gut zu gestalten. Liebknecht verwarf auch nicht den Parlamentarismus von Dreiklassen-Gnaden, sondern ausdrücklich und mit vollem Bewußtsein den unter dem Zeichen des allgemeinen, gleichen, direkten und geheimen Wahlrechts stehenden Reichstag. Im absolutistischen Staat könne, so führte er aus, das allgemeine Wahlrecht nur Spiel- und Werkzeug des Absolutismus sein; und er faßte seine Ueberzeugung dahin zusammen: „Einen direkten Einfluß auf die Gesetzgebung kann unser Reden nicht ausüben. Den „Reichstag" können wir durch Reden nicht bekehren. Durch unser Reden können wir keine Wahrheiten unter die Massen werfen, die wir anderweitig nicht viel besser verbreiten könnten. Welchen „praktischen" Zweck hat also das Reden im „Reichstag"? Keinen. Und zwecklos reden ist Thoren Vergnügen. Nicht ein Vortheil! Und nun auf der anderen Seite die Nachtheile: Das Prinzip geopfert, der ernste politische Kampf zur parlamentarischen Spiegelfechterei herabgewürdigt, das Volk zu dem Wahn verführt, der Bismarck'sche „Reichstag" sei zur Lösung der sozialen Frage berufen. Und wir sollen „aus praktischen Gründen" parlamenteln? Nur der Verrath oder die Kurzsichtigkeit kann es uns zumuthen."

Auf dem Stuttgarter Parteitag am Vorabend des deutsch-französischen Krieges — 4. bis 7. Juni 1870 — sprach Liebknecht in ähnlicher Weise: Das allgemeine Wahlrecht habe schlechtere Wahlen erzielt als das Dreiklassenwahlsystem. Aber in der Resolution Liebknecht-Bebel, die dann angenommen wurde, war — im Gegensatz zum Liebknecht'schen Referat — der Standpunkt starrer Negation aufgegeben, wenn auch formell diese Thatsache verhüllt war. Es war eine jener Kompromiß-Resolutionen, die in unserer Parteigeschichte immer wiederkehrt, wenn in taktischen Fragen die Meinungen noch allzusehr auseinandergehen und die neue Auffassung erst auf dem Wege zum Siege ist. Es wurde in der Stuttgarter Resolution den Abgeordneten vorgeschrieben, „sich negirend zu verhalten und jede Gelegenheit zu benutzen, die Verhandlungen beider Körperschaften in ihrer ganzen Nichtigkeit zu zeigen und als Komödienspiel zu entlarven." Aber — und hier steckt der Keim des Neuen — dieses Verhalten solle doch nur „im Großen und Ganzen" befolgt werden, und den Vertretern wurde zur Pflicht gemacht, parlamentarisch „so weit es möglich, im Interesse der arbeitenden Klasse zu wirken." — Genau die gleiche Zwiespältigkeit findet sich im zweiten Theil der Resolution, indem „alle Allianzen und Kompromisse" mit bürgerlichen Parteien schroff abgelehnt werden, unmittelbar darauf aber aufgefordert wird, dort, wo man eigene Kandidaten nicht aufstellen könne, „solchen Kandidaten ihre Stimmen zu geben, die wenigstens in politischer Hinsicht wesentlich unseren Standpunkt einnehmen." Gleich bei der Hauptwahl für bürgerliche Demokraten einzutreten — auf sie bezog sich die Klausel — das scheint uns heute als das Aeußerste von Allianz und Kompromisselei. Damals empfahl man dies Verfahren, als man zugleich radikalste Abstinenzpolitik forderte. Wie übrigens aus der Diskussion hervorgeht, hatte man den tiefen inneren Widerspruch der Resolution garnicht voll empfunden. Nur ein Delegirter war konsequent und beantragte, da man durch Theilnahme an der Wahl auch an dem Komödienspiel theilnehme, gegen die Wahlen überhaupt durch Abgabe unbeschriebener Zettel zu protestiren. Fand aber keine Gegenliebe mit diesem Vorschlag.

Es wäre durchaus verfehlt — um seines damaligen Irrthums willen — Liebknechts taktische Fähigkeiten zu bezweifeln. Seine Ansicht beruhte auf durchaus richtigen Voraussetzungen — nur die Schlußfolgerung war falsch. Das allgemeine Wahlrecht, dieses „Geschenk Bismarcks", war in der That nur ein Coup, um die unaufgeklärten Massen, die sich willenlos dem Druck der herrschenden Gewalt fügen, gegen die bürgerliche Intelligenz und oppositionelle Selbständigkeit zu mobilisiren. Es war ein ähnliches Mittel, wie es die österreichische Regierung 1846 anwandte, um die nationale Bewegung der Polen zu bändigen: sie hetzte die armen, unwissenden, von den adligen Gutsbesitzern, den Trägern der national-polnischen Propaganda, ausgebeuteten Bauern gegen ihre Unterdrücker auf, und die Bauern stürmten — mit hoher obrigkeitlicher Erlaubniß —

die Schlösser, plünderten und sengten, und veranstalteten scheusälige Treibjagden auf ihre „Herren". Wie Liebknecht in diesem Falle nicht die Partei der Bauern nahm, so ehrte es seinen sittlichen Charakter wie seinen politischen Verstand, daß er es ablehnte, an dem von Bismarck mittelst des Wahlrechts beabsichtigten Kesseltreiben gegen die Bourgeoisie zu Gunsten des Junkerthums theilzunehmen. So weit war Liebknechts Haltung durchaus berechtigt. Nur übersah er einen wesentlichen Umstand: daß es nämlich gerade die Aufgabe der Sozialdemokratie wäre, das Proletariat so aufzuklären und zu erziehen, es so stark zu machen, daß es nicht mehr blindlings der Bismarck'schen Weisung folgte, sondern die an sich taugliche Waffe des Wahlrechts in seinem eigenen Interesse zu brauchen lernte. Liebknecht überschätzte die Schlauheit des Bismarck'schen Schachzuges; er sah noch keine Möglichkeit, daß es einmal gelingen könnte, Bismarck selbst an dem „Gifttrank" sterben zu sehen, den er listig für seine Gegner gebraut.

Liebknecht hat seinen Irrthum schnell eingesehen und bekannt. In der späteren Vorrede zu dem Berliner Vortrag von 1869 erklärte er: „Die erzieherischen Wirkungen des allgemeinen Stimmrechts sind zu handgreiflich, als daß ich nöthig hätte, sie auseinander zu setzen. Hätten wir uns für eine Politik der Enthaltung entschieden statt für eine Politik der Wahlbetheiligung — wir wären heute noch eine Sekte, statt eine Partei."

Aber in manchen Kreisen der Parteigenossen blieb die überwundene Beweisführung jenes Vortrags haften, und sie kehrte wiederholt — in den verschiedensten Formen — bei der Erörterung taktischer Fragen wieder. Das erschwerte den Kampf gegen die „Schweitzerlinge" und in einem Brief Bebels an Liebknecht aus Hubertusburg vom April 1874 beklagte er sich bitter über eine parteigenössische Preßäußerung, daß jeder ein Bismärcker sei, der im Reichstag einen Antrag stelle und dafür stimme; danach gehörten wir ja Alle, meint Bebel, in diese Kategorie.

Liebknecht war alles Andere eher als ein doktrinärer Gegner praktischer Arbeit. Gerade zu jener Zeit trat er mit großer Entschiedenheit für eine Agitation unter den Kleinbauern ein. 1869 hatte der Baseler Kongreß der Internationalen Arbeiter-Assoziation sich für die Vergesellschaftung von Grund und Boden ausgesprochen und hatte damit bei den demokratischen Freunden den heftigsten Anstoß erregt. Solch eine Forderung erschien damals selbst vorgeschrittenen Köpfen als reine Tollhäuslerei. Liebknecht unternahm es (März 1870), zur Vertheidigung des Baseler Beschlusses einen Vortrag über die Grund- und Bodenfrage zu halten, vielleicht die gründlichste und am meisten durchgearbeitete Rede Liebknechts, die auch heute noch anregend ist. Darin forderte er mit allem Nachdruck die Agitation unter der Landbevölkerung: „Wir brauchen die Landarbeiter und Kleinbauern, soll unser Ringen nicht ein hoffnungsloses sein. Der unheilvolle Gegensatz zwischen Stadt und Land, der bisher jede freiheitliche Bewegung gehemmt, vereitelt hat, muß aufhören. . . . Das Land, das sind die Bauern . . . Gewiß ist: für die Bauern giebts keine andere Rettung als im Sozialismus. Das rothe Gespenst ist der Heiland. Gewiß ist jedoch auch, daß . . . die sozialistische Agitation mit einem schwer zu überwindenden Mißtrauen zu kämpfen hat . . . So tief ein= gewurzelte Vorurtheile lassen sich nicht mit einem Mal ausrotten; und ehe sie ausgerottet sind, erheischen sie Schonung, sollen nicht schlimme Folgen eintreten... Der Tag, an welchem der ländliche Arbeiter und Kleinbauer dem städtischen Arbeiter und Kleinbürger die Hand reicht, ist der Tag der Befreiung Beider." „Praktischer" kann man nicht wohl sein!

Uebrigens erwuchsen Liebknecht aus dem Vortrag auch per= sönliche Chikanen. Er wurde von dem Berliner Stadtgericht, weil er durch „öffentliche Schmähung Anordnungen der Obrigkeit dem Hasse ausgesetzt" habe, in contumaciam zu drei Monaten Ge= fängniß verurtheilt; er hatte nämlich die historische Thatsache aus= gesprochen, daß der Norddeutsche Bund nur durch einen Rechtsbruch bestehe und sich auf das Schwert stütze. Abgesessen hat Liebknecht diese drei Monate nicht, weil er in Sachsen blieb. Es gehört zu den brutal=komischesten Einfällen Preußens, daß es der sächsischen Regierung zumuthete, den „Flüchtling" in Sachsen die drei Monate ins Gefängniß zu stecken, derselben sächsischen Regierung, die ja 1866 durch den preußischen Rechtsbruch aufs Aeußerste bedroht war und nur mit knapper Noth dem Schicksal der Annexion entging.

Im Jahre 1868 nahmen die familiären Verhältnisse Liebknechts — nach der schmerzensreichen Tragödie seiner Jugendliebe — eine hellere Wendung. Im Juli vermählte er sich mit der Darmstädterin Natalie Meß, einer Verwandten — ihre Mutter war eine Schwester des Pfarrers Weidig — und in dieser gleichstrebenden, auch schrift= stellerisch thätigen Frau fand er bis zu seinem Tode die treu und klug stützende Gefährtin in allen ferneren Wirrnissen seines Daseins, eine tapfere, hingebende und mit Erfolgen beglückte Erzieherin seiner Töchter erster Ehe und der fünf Söhne, die dem neuen Bunde entsprossen. Natalie Liebknecht entstammte aus einer politischen Familie. Ihr Vater, Hofgerichtsadvokat in Darmstadt, war 30 Jahre lang Mitglied des hessischen Abgeordnetenhauses. In der National= versammlung vertrat er Offenbach, dessen Abgeordneter Liebknecht später wurde.

VI. Landes-Hochverräther.

Der deutsch=französische Krieg wurde entfesselt, so wie ihn Lieb= knecht im Voraus angekündigt und verflucht hatte — ein dynastischer Krieg, der zu einem Nationalkrieg gefälscht wurde.

Die Stürme, die Liebknecht in seinem Kampf gegen den Nord=
deutschen Bund zu bestehen hatte, waren sanft schmeichelnde Lüfte,
verglichen mit dem Taifun, dem er jetzt trotzen mußte. Das war
wohl seine größte Zeit, eine fortgesetzte Feuerprobe seines Charakters.
Jetzt hatte er mehr zu verlieren als blos das Leben, wie anno 1849,
das Werk seines Lebens stand auf dem Spiel, die fröhlich auf=
blühende Parteibewegung, die ganze Zukunft der Sozialdemokratie
und des Proletariats. Nicht die Feinde waren es, die ihm Pein
verursachten. Die eigene Partei stand Anfangs gegen ihn. War
er allein denn der Weise und alle Anderen Thoren? Liebknecht
aber sah nicht links und nicht rechts; er ging vorwärts — unbeirrt,
ohne zu schwanken. Und er siegte!

Liebknecht zweifelte natürlich in keinem Augenblick an dem
dynastischen Charakter des Krieges, obwohl er damals noch nicht
ahnte, daß der unmittelbare Anlaß durch eine diplomatische —
deutsch: verbrecherische — Fälschung Bismarcks provozirt worden
war. Er war der Meinung, daß man ohne Weiteres gegen die
Kriegsanleihe stimmen müsse. Bebel überzeugte ihn, daß man damit
den Verdacht erwecke, auf Seiten Napoleons zu stehen. So beschloß
man, sich der Stimme zu enthalten. Bebel verlas am 21. Juli
das gemeinsame motivirte Votum, in dem es hieß: „Die zur
Führung des Kriegs dem Reichstag abverlangten Geldmittel können
wir nicht bewilligen, weil dies ein Vertrauensvotum für die
preußische Regierung wäre, die durch ihr Vorgehen im Jahre 1866
den gegenwärtigen vorbereitet hat. Ebenso wenig können wir die
geforderten Geldmittel verweigern, denn es könnte dies als
Billigung der frevelhaften und verbrecherischen Politik Bonapartes
aufgefaßt werden. Als prinzipielle Gegner jedes dynastischen
Krieges, als Sozial=Republikaner und Mitglieder der Inter=
nationalen Arbeiterassoziation, die ohne Unterschied der Natio=
nalität alle Unterdrücker bekämpft, alle Unterdrückten zu einem
großen Bruderbunde zu vereinigen sucht, können wir uns weder
direkt noch indirekt für den gegenwärtigen Krieg erklären und
enthalten uns daher der Abstimmung . . .“ Es wurde am
Schluß noch die Hoffnung auf Beseitigung der Säbel= und Klassen=
herrschaft, als der Ursache aller staatlichen und gesellschaftlichen
Uebel, ausgesprochen.

Diese Erklärung bedeutete die Mobilmachung der Hölle! Welch
ein Abgrund von Vaterlandslosigkeit, Hoch= und Landesverrath! Da
waren die wackeren „Lassalleaner“ andere Männer, sie gelangten
beinahe zu der Anerkennung bürgerlich=patriotischer Reputirlichkeit;
sie hatten für die Kriegsanleihe gestimmt. Im Reichstag betrachtete
man die beiden Tapferen als den Auswurf des Menschengeschlechts;
man ging ihnen aus dem Wege, wie zwei Kapitalverbrechern, die
sich in die gute Gesellschaft eingeschlichen. Ergriffen sie das Wort,
so verfielen die Patrioten in Tobsucht und stimmten den Berliner

Zuhälterruf: „Haut ihm, haut ihm" an — so sehr waren die Wiederleute in ihren heiligsten Gefühlen gekränkt.

Das Gesauch der Feinde war nicht sonderlich störend, die Rüpeleien der Leipziger Studenten — man sang längst nicht mehr von Freiheit und Menschenwürde, sondern wühlte grunzend in den Zoten der akademischen Dreieinigkeit von Patriotismus, Suff und Dirnenkult — erregte höchstens Ekel; man mußte sich schließlich auch damit abfinden, daß die „Schweizerlinge" in Leipzig einbrachen, um die Herrschaft der vaterlandslosen Eisenacher zu brechen, daß verhetzte Arbeiter gewaltthätig vorgingen, die Wohnung Liebknechts in der Braustraße in einem unbewachten Augenblick — befreundete Arbeiter bildeten sonst eine ständige Bedeckung vor dem Hause — bombardirten — ein Steinwurf hätte beinahe den ältesten Sohn Liebknechts getödtet —, daß es in den Versammlungen zu körperlichen Auseinandersetzungen kam. Das Schlimmste waren die Bedenken und Einwürfe in der eigenen Partei. Der Parteiausschuß in Braunschweig wie die Kontrollkommission in Hamburg, also die höchsten Instanzen, waren mit der Stellungnahme Liebknechts und Bebels nicht einverstanden, sie protestirten insbesondere gegen die Haltung des „Volksstaat". Liebknecht wich auch dieser Gewalt nicht. Die Partei war damals noch schwach, sie bog sich noch in den Stürmen und ließ sich durch die Mache der „allgemeinen Meinung" beirren. Liebknecht verkörperte schon in seiner Person die Zukunft der Partei, die wettergehärtet durch nichts sich einschüchtern und um die Vernunft bringen läßt, auch wenn die 500 000 Teufel der bürgerlichen Oeffentlichkeit losgelassen werden und die Verstockten beschwefeln.

Aber handelte Liebknecht nicht wirklich unklug? Er war in Wahrheit der weitaus Scharfsichtigere. Das Proletariat mußte unter allen Umständen diesen Krieg bekämpfen. Ob Napoleon siegte oder Bismarck, für die Sache des demokratischen Sozialismus waren beide Möglichkeiten ein Unglück. Der Sieg Deutschlands hat Frankreich von dem Alb des Cäsarismus nur befreit, um ihn dem Deutschen Reich zu überliefern. Der Cäsarismus wurde deutsche Institution, erst in der Person des Kanzlers, dann in der des Kaisers. Der Krieg war nichts als der erfolgreichste Akt der Contrerevolution, in deren Zeitalter wir noch heute leben, und vielleicht in dessen verhängnißvollstem Abschnitt. Der Krieg hat die europäische Demokratie gespalten, er hat die Tyrannei des kulturverwüstenden Militarismus und Chauvinismus geschaffen, unter dem in Frankreich auch der Fortschritt einheitlicher proletarischer Bewegung bis zu diesem Tage leidet. Der Krieg hat die Oberherrschaft Rußlands über Europa befestigt. Sedan ist nicht die Erfüllung des 18. März, wie die Märchentanten und Legendenstrickerinnen des Liberalismus faseln, sondern die Revanche für ihn. Die Person Bonaparte wurde beseitigt, um als System für ganz Europa aufzuerstehen.

46

Liebknecht war im Recht; und bald erkannte auch die Partei-
leitung ihren Irrthum. Als nach Sedan für Alle offenkundig
wurde, daß der Krieg in Wirklichkeit, trotz aller heuchlerischen
Betheuerungen von oben, ein dynastischer Eroberungskrieg,
war die Partei einig. Der Ausschuß erließ gegen die Annexion und
zu Gunsten eines sofortigen Friedensschlusses mit dem französischen
Volk jenes Manifest, in dem der Brief Marx' über die politische
Lage — wie werden an dessen genialem Weitblick die niedrigen
Künste eines Bismarck als welthistorische Vornirtheiten und
Brutalitäten elend zu Schanden! — jenes Manifest, um dessent-
willen der Ausschuß in Ketten nach Lötzen geschleift wurde.

Am 26. November 1870 beantragten Liebknecht und Bebel die
Nichtbewilligung der zweiten Kriegsanleihe; jetzt wagten selbst die
Anhänger Schweitzers nicht mehr den Krieg zu unterstützen, wenn
sie auch ihre Verweigerung nicht begründeten, wie es Liebknecht in
einer denkwürdigen Rede that. Anfangs prostituirte sich der Reichstag
durch jenes Lachen, mit dem man die Wahrheit seit jeher verhöhnt
hat, wenn die Lügner sich in dem Besitz unangreifbarer Macht
fühlten. Als die Kritik dann schärfer einsetzte, vergewaltigte der
Präsident den Redner fortwährend, indem er sich hinter eine gezierte
Scheinvornehmheit verschanzte, die heute wie der Moschusgeruch
des Hofmarschalls von Kalb wirkt, damals aber das Entzücken von
einem hohen Adel und gebildetem Bürgerthum bildete. Liebknecht
erklärte sich für das französische Brudervolk und als man dazwischen
schrie: „Ihre Brüder!" nahm er in grandioser Schlagfertigkeit
das Wort auf, indem er hinzufügte: „Es ist wahrlich ehrenhafter,
der Bruder des französischen Volkes und der französischen Arbeiter
zu sein als der „liebe Bruder" des Schurken auf Wilhelmshöhe".
Die gebildeten Vertreter des Reichs der Gottesfurcht und frommen
Sitte vollführten einen so höllischen Standal, daß die Stenographen
mehrmals minutenlang nicht nachschreiben konnten. Der feudale
Abgeordnete v. Blankenburg betheuerte sogar, nur der Bildung
und der Geduld des Hauses verdankten es Liebknecht und Bebel,
daß sie mit gesunden Knochen aus dem Saal herauskämen! Der
heutige Dreschgraf wirkte damals als Genius der vereinigten
Patrioten. Am 28. November wurde Liebknecht das Wort gewaltsam
entzogen und am 9. Dezember, als er in einer an kühnen und
pfeilspitz schwirrenden Wendungen sein Votum gegen die neue Reichsverfassung begründete, entstand ein wahres Ordnungsruf gemetzel.

Wie düster es Liebknecht in jenen Tagen völliger Einsamkeit
bisweilen — trotz der Tapferkeit seines Handelns — ums Herz
war, das zeigen seine vertrauten Briefe. An Bonhorst schrieb er
nach der Schlacht bei Sedan: „Wenn die Kaiserposse in Deutschland
zu Stande kommt, habe ich Lust, auf einige Zeit nach England zu
gehen. Ich mag den Blödsinn nicht mit ansehen." Als Bonhorst
ihn zum Ausharren ermahnte, antwortete er: „Von einem Plan

war nicht die Rede; und wenn ich weggehen möchte, ist's nicht aus Furcht vor der Reaktion, sondern aus Ekel vor der Servilität des deutschen Bedientenvolks, die eine Reaktion von oben ganz überflüssig macht."

Der Erfolg der Opfer blieb nicht aus: Die Eisenacher vereinigten in Sachsen — in der Hochfluth des Chauvinismus — 50 000 Stimmen auf ihre Reichstagskandidaten. Der „Volksstaat", dessen Haltung gegenüber politischen und sozialen Fragen von dem Dresdner Parteitag, August 1871, in einer Resolution ausdrücklich gebilligt wurde, nahm an Abonnenten erfreulich zu. Liebknecht selbst freilich unterlag bei den ersten Wahlen zum deutschen Reichstag; er war — mit Bebel und Hepner, dem Redakteur des „Volksstaat" — am 17. Dezember 1870 wegen Versuchs und Vorbereitung des Hochverraths in Untersuchungshaft genommen und mußte bis zum 28. März 1871 in der Haft bleiben; das hatte die persönliche Wahlagitation unmöglich gemacht.

Der Hochverrathsprozeß war die Rache der preußischen Machthaber für die unerschrockene Kritik an ihren Handlungen. Das Verfahren leitete das sächsische Gericht auf Befehl der preußischen Regierung ein. Als die Untersuchung aber die völlige Sinnlosigkeit der Anklage ergab, ließ man die Gefangenen frei. Vielleicht wäre der Versuch in nichts zerronnen und hätte keine weiteren Aktionen veranlaßt, wenn nicht Liebknecht und Bebel durch neue Beweise ihrer Charakterfestigkeit den Zorn aller Gutgesinnten, will sagen Gesinnungslosen herausgefordert hätten. Bebel erklärte sich im Reichstag, Liebknecht im „Volksstaat" solidarisch mit der Kommune — das war der Gipfel tollkühnen Verbrecherthums. Jetzt ließ sich Sachsen von Preußen moralisch annektiren und Liebknecht, Bebel und Hepner mußten sich wegen Vorbereitung des Hochverraths vor dem Leipziger Schwurgericht verantworten. Die Verhandlungen dauerten vom 11. bis 26. März 1872. Vierzehn Tage lang hatten die Angeklagten Gelegenheit, aller Welt die Ziele der Sozialdemokratie zu zeigen. Und sie benutzten die Gelegenheit, insonderheit Liebknecht, der erhobenen Hauptes, mit glühender Begeisterung, durchdringendem Verstand, überlegenem Humor und nie versagender Schlagfertigkeit die sozialistischen Ideale schilderte, die Prinzipien und die Taktik klarlegte, die Entwickelung der Sozialdemokratie aufzeigte. Da war kein Vertuschen und Verschweigen, da gab es keine Ausflüchte und keine Winkelzüge. Es war das stolze Bekenntniß zur innersten Ueberzeugung, eine Verkündigung der Revolution im Sinne radikaler Umgestaltung — nur keine Spur einer hochverrätherischen Handlung. Da die Anklage alles erdenkliche sozialistische und demokratische Material seit dem kommunistischen Manifest herangeschleppt hatte, so erschien die ganze ältere Parteigeschichte, gleichsam lebendig an der Hand des unterrichtetsten Führers und Erklärers im Gerichtssaal. Die Berichte über die Verhandlung sind denn auch wohl das inhaltreichste Dokument der Parteigeschichte geworden. Alle Fragen der Taktik und der Grundsätze sind hier in klassischer — man könnte fast sagen in abschließender Form — diskutirt worden. Die Verhandlungen waren Universitätsvorlesung, Agitationsreise und Parteitag zugleich — und dies vor dem größten Publikum, das es giebt, vor der Oeffentlichkeit des Gerichts! Weit hinaus in alle Lande hallten die Worte Liebknechts, die seine Konfession sind: „Schon in frühester Jugend habe ich die Schiffe hinter mir verbrannt und seitdem ununterbrochen für meine Prinzipien gerungen. Meinen persönlichen Vortheil habe ich nie gesucht; wo es die Wahl galt zwischen meinen Interessen und Prinzipien, habe ich nie gezögert, meine Interessen zu opfern. Wenn ich nach unerhörten Verfolgungen arm bin, so ist das keine Schande — nein, ich bin stolz darauf, denn es ist das beredteste Zeugniß für meine politische Ehre. Noch einmal: ich bin nicht ein Verschwörer von Profession, nicht ein fahrender Landsknecht der Konspiration. Nennen Sie mich meinethalben einen Soldat der Revolution — dagegen habe ich nichts. Ein zwiefaches Ideal hat mir von Jugend an vorgeschwebt: das freie und einige Deutschland und die Emanzipation des arbeitenden Volks, d. h. die Abschaffung der Klassenherrschaft, was gleichbedeutend ist mit der Befreiung der Menschheit. Für dieses Doppelziel habe ich nach besten Kräften gekämpft und für dieses Doppelziel werde ich kämpfen, solange noch ein Hauch in mir ist. Das will die Pflicht!"...

Gewiß wurden die Verhandlungen von dem Vorsitzenden mit größter Voreingenommenheit und Ungeschicklichkeit geführt, gewiß war das Urtheil — zwei Jahre Festung — durch nichts begründet, wenn man aber die weitere Entwickelung der deutschen Rechtspflege erlebt hat, bis herab zu Brausewetters Justiz, wo die progressive Paralyse als Blutrichter waltete, und noch weiter, dann erscheint jene Prozeßleitung beinahe tendenziös wohlwollend und jenes Urtheil mild. Wirklich wohlwollend und mild aber war die Strafvollstreckung. Die beiden Jahre Hubertusburg waren für Liebknecht und Bebel vielleicht die glücklichsten ihres Lebens. Die Häftlinge erhielten alle drei Wochen den Besuch ihrer Familien. Sie arbeiteten nach Herzenslust — Liebknecht durfte sich hier ungestört seinem größten Schüler, Bebel, widmen — von außen drangen nur die aufmunternden Kundgebungen der Sympathie, nicht die Unruhe des wilden Daseins herein, im schönen Garten der Anstalt promenirten sie täglich vier Stunden und trieben Landwirthschaft mit so viel Liebe und so viel — Dung, daß die von ihnen gesäeten Radieschen zu förmlichen Radieschenbäumen auswuchsen. Die zu Besuch kommenden Kinder hatten sogar ihre eigenen Beete im Anstaltsgarten.

In einer weit verbreiteten und in 7 Auflagen stetig vermehrten Broschüre hat Liebknecht bald einen Epilog zu seiner Hochverräther-

zeit schreiben können: „Die Emser Depesche oder wie Kriege ge=
macht werden". In dieser Schrift deckte er die verbrecherische
Fälschung Bismarcks auf, die Frankreich zum Kriege zwang. Zwanzig
Jahre lang erneuerte die bürgerliche Presse immer wieder den
Steckbrief, der den Verfasser ob dieser verlogenen Schändung der
heiligsten Heiligthümer der Nation der allgemeinen Verachtung
denunzirte. Aber schließlich hatte Liebknecht die Genugthuung, durch
Bismarck selbst die Rechtfertigung seiner Behauptung zu erhalten.
Als der Kanzler, der treue Diener seines Herrn, von diesem sehr
ungnädig entlassen war, bedurfte er nicht mehr der Tugend=
legende, die dem moralischen Publikum zu Liebe aufrecht erhalten
werden mußte, so lange er amtirte. Nicht als ob den alten Sünder,
den Hauptschuldigen an massenmörderischer Menschenvernichtung
endlich das Gewissen gepackt hätte. Nein, die Eitelkeit, die Sorge
um seinen welthistorischen Ruhm veranlaßte ihn, seinerseits zu
bestätigen, wie der deutsch=französische Krieg gemacht worden.
Nicht die militärische Uebermacht, nicht die robuste Tapferteit des
pommerschen Grenadiers, nicht die Strategie Moltkes, nicht der
Erfolg in der Abwehr eines aufgedrungenen Krieges hätten,
so wollte Bismarck zeigen, die „große" Entwickelung Deutschlands
herbeigeführt, sondern einzig und allein die ganz persönliche geniale
Verwegenheit des Staatsmannes, der zur rechten Zeit durch ein
Verbrechen das Schicksal zu vergewaltigen unternahm.

Es ist nicht auszudenken, was Liebknecht widerfahren wäre,
wenn er 1870 schon gewußt, was erst später ans Licht kam, wenn
er damals dem Herrn v. Bismarck im Reichstag vorgeworfen hätte,
daß er aus eine Chamade eine Fanfare gefälscht hätte — Liebknecht
wäre zum Mindesten moralisch geviertheilt worden.

Anno 1870 war die Bourgeoisie noch einigermaßen moral=
bedürftig. Inzwischen hat sie gelernt, gänzlich vorurtheilslos zu
sein und die scheußlichsten Exzesse realpolitischer Verworfenheit
gleichgiltig unter die unvermeidlichen Handlungsunkosten welt=
politischer Profiträuberei zu buchen.

VII. Unterm Sozialistengesetz.

Die Sozialdemokratie begann nun als steigende Macht in die
deutsche Einheit hineinzuwachsen, so wenig die milliardengesättigte
Bourgeoisie zunächst bei ihren üppigen Gelagen die drohende
Flammenschrift an der Wand bemerken mochte. Die Verhältnisse
der Partei waren, verglichen mit der heutigen, von kleinbürger=
licher Enge. Die Abrechnung der sozialdemokratischen Arbeiter=
partei für den Dresdner Kongreß (1871) ergab vom 7. Februar
bis 11. August 528 Thaler und 8 Groschen; die Ausgaben betrugen
in dieser Zeit 403 Thaler 25 Groschen und 1 Pfennig, dazu kamen

50

546 Thlr. 25 Gr. 8 Pfg. Schulden für Drucksachen und 1674 Thlr. 29 Gr. 6 Pfg. für den „Volksstaat", aber der Abonnentenstand war auf 4200 Exemplare gestiegen.

Von September 1871 bis Ende August 1872 hatte die Parteikasse bereits Einnahmen in der Höhe von 2085 Thalern, 27 Groschen

Wilhelm Liebknecht auf der Todtenbahre.

und 4 Pfennigen. Im nächsten Jahre konnte man auf dem 1873er Eisenacher Kongreß bereits eine Jahreseinnahme von 4045 Thalern 26 Groschen 6 Pfennigen aufweisen; der „Volksstaat" zählte zwischen 6000 und 7000 Abonnenten und erzielte zusammen mit dem Schriftenvertrieb der Buchhandlung 1332 Thaler Reingewinn. Nach dem

Bericht auf dem Coburger Kongreß (1874) überstiegen die Jahres-
einnahmen 6000 Thaler, für die Reichstagswahl-Agitation wurden
nahezu 12 000 Thaler ausgegeben. In 90 Wahlkreisen waren
Kandidaten aufgestellt worden, 6, darunter Liebknecht, wurden im
ersten Wahlgang, 1 in der Stichwahl gewählt. Die Stimmenzahl

Wilhelm Liebknechts Grab zu Friedrichsfelde - Berlin.

für die Eisenacher betrug 180 000. Diese Zahlen sind die Meilen-
steine des Vormarsches der Partei.

Der Mai 1875 brachte dann das entscheidende Ereigniß für die
Parteigeschichte, die Einigung der hadernden Fraktionen, das
Gothaer Kompromiß-Programm. Mit das Hauptverdienst an der

4

Einigung gebührt Liebknecht, der, sobald er die Haft verlassen, un= ermüdlich im Sinne der Versöhnung und Einheit gewirkt hatte. Als der Entwurf des Einheitsprogramms fertig war, traf ihn aus London ein kritischer Blitzschlag. Marx sandte jenen Brief gegen das „durchaus verwerfliche und die Partei demoralisirende Pro= gramm", der den Entwurf Satz für Satz mit erbittertem Hohne zerpflückte. Liebknecht aber war keinen Augenblick im Zweifel, ob er die Einheit dem Programm oder das Programm der Einheit opfern sollte. Er wählte den letzten Weg, fand aber zugleich die rettende und erlösende Formel, die den Konflikt sänftigte: In Prinzipien= fragen, so erklärte er, erkenne man unbedingt die Autorität der „Londoner" an, in der Taktik aber müßten die deutschen Parteigenossen ihren selbständigen Weg gehen. Diese Formel wirkte Wunder, weil man nach Einheit schmachtete, sie half aus den schlimmen Nöthen. beschwichtigte das kritische Gewissen und ermöglichte die Verschmelzung der Eisenacher und Lassalleaner, obwohl sie — blendend durch den glücklichen Ausdruck — sachlich nicht stimmte; denn Marx' Ein= wendungen betrafen die Grundsätze, nicht die Taktik.

Und das „demoralisirende" Kompromiß=Programm, das aus der Nothwendigkeit einer Zwangslage entstanden war, wirkte nicht zerstörend für die Partei, sondern kräftigend; ja es hatte eine Lebensdauer von 16 Jahren — allerdings unter der konservirenden Wirkung des Sozialistengesetzes. Diese Einigung war die erfolg= reichste taktische Leistung Liebknechts, deren gute Wirkungen bald verspürt wurden, und auch die Gegner dieses Kompromisses söhnten sich mit dem Freischärlerstreich aus, der an sich gefährlich genug gewesen wäre, wenn nicht hinter dem papiernen Kompromiß der bessere und klarere Geist gewirkt und sich durchgesetzt hätte — trotz der bedenklichen Gewandung.

1876 wurde auf dem Gothaer Kongreß bereits über eine Gesammteinnahme von 53 973,86 Mk. in 14 Monaten Rechnung gelegt. Die Partei verfügte über 145 geschulte Redner. Zwölf neue politische Blätter wurden in den 14 Monaten nach der Einigung gegründet, die 23 bestehenden Zeitungen hatten 100 000 Abonnenten.

Seit dem 1. Oktober 1876 erschien statt des „Volksstaats" und des Berliner „Neuen Sozialdemokrat" in Leipzig der „Vorwärts" als Zentralorgan der Sozialdemokratie Deutschlands; Liebknecht und Hasenclever leiteten gemeinsam das Blatt, das es alsbald auf 12 000 Abonnenten brachte. In neun Monaten wurden 18 Blätter neu gegründet, so daß die Gesammtzahl 41 betrug. Die Ein= nahmen der Parteikasse erreichten in den acht und einem halben Monat vom 11. August 1876 bis 30. April 1877 die Höhe von 54 217,60 Mk. Bei den Reichstagswahlen wurden fast 600 000 sozialdemokratische Stimmen abgegeben.

Das waren ganz ungeheure Fortschritte, und die Zeit war ge= kommen, in der Bismarck die „Mächte der Unterwelt", die er einst gegen die Bourgeoisie zu mobilisiren suchte, jetzt mittels der Bourgeoisie niederzuwerfen für nöthig hielt. Als Antwort auf den Einigungskongreß wurde eine Strafgesetz-Novelle eingebracht, ein § 130, der lautete: „Wer in einer den öffentlichen Frieden gefährdenden Weise verschiedene Klassen der Bevölkerung gegeneinander öffentlich aufreizt, oder wer in gleicher Weise die Institute der Ehe, der Familie oder des Eigenthums öffentlich durch Rede oder Schrift angreift, wird mit Gefängniß bestraft." Der Minister des Inneren, Graf Eulenburg, forderte diese Waffe gegen den „Todfeind des Staats", die es unnöthig mache, „mit der Zeit die blanke Waffe zu brauchen." Dies Umsturzgesetz wurde vom Reichstag schroff abgewiesen.

Bismarck aber bedurfte des rothen Schreckens schon deshalb, um den Reichstag für den geplanten schutzzöllnerischen Raubzug gefügig zu machen. Die beiden sinnlosen Attentate, an denen die Sozialdemokratie gänzlich unbetheiligt war, boten endlich den erwünschten Vorwand, um das feige und urtheilslose Bürgerthum in eine Raserei zu versetzen, in der es für Alles zu haben war. Das Sozialistengesetz wurde vom Reichstag apportirt. Mit einem Schlag war die mühselige Arbeit vieler Jahre zerstört. Die sozialistischen Blätter wurden unterdrückt, die Organisationen zerstört, die geschäftlichen Unternehmungen ruinirt, die Personen geächtet, als vogelfreie Vettler gehetzt. Die elende liberale Presse setzte sich an die Spitze der schamlosen Treiber. Ich erinnere mich deutlich, welches Urtheil damals auch in freigesinnten bürgerlichen Kreisen über die Sozialdemokratie herrschte; ich selbst hielt sie damals für eine Horde wilder Verbrecher, deren höchstes Vergnügen es sei, wehrlose Heldengreise hinterrücks zu meucheln, und als Wilhelm I., nachdem er von dem zweiten Attentate genesen, in Berlin einzog, stellte ich mit Begeisterung die Leuchter aus Fenster, obwohl ich seit jeher eine instinktive Abneigung gegen allen patriotischen Klimbim gefühlt habe.

Dieses Jahr 1878, das der Sozialdemokratie den Untergang bringen sollte, ward in Wirklichkeit zum sittlichen Jena des Bürgerthums, das seitdem, aller Ideale entledigt, einer niedrigen Korruption verfallen, die hundertfach widerwärtiger wirkt als die des französischen Hofadels vor der großen Revolution. Für die Sozialdemokratie eine stählende Schule sittlicher Erziehung und politischer Erstarkung, für die Schuldigen der Schande Fäulniß und Verfall, für den Urheber Vernichtung — das waren die welthistorischen Wirkungen dieses ruchlosen anarchischen Rechtsfrevels.

Der zwölfjährige trockene Bürgerkrieg, der auf der einen Seite mit ebenso viel Opfermuth und Besonnenheit, Begeisterung und Klugheit, Tapferkeit und Scharfsinn geführt wurde, wie auf der anderen Seite mit den plumpsten Mitteln stupider Gewalt, jämmerlicher Dummheit und gemeiner Hinterlist —, die Zeit des Sozialistengesetzes harrt noch ihres berufenen Historikers. An dieser Stelle können nur die persönlichen Schicksale Liebknechts angedeutet werden.

4*

Wieder einmal dem wirthschaftlichen Nichts ausgeliefert, orga=
nisirte er als unerschrockener, nie um das geeignete Mittel ver=
legener Generalissimus den Guerillakrieg gegen den brutalen Feind,
der die eigenen Volksgenossen brandschatzte.

Am 27. Oktober erschien die letzte Nummer des „Vorwärts".
Unpolitische Blätter wurden gegründet, Liebknecht versuchte sich
— wohl die schwierigste Leistung seines Lebens — in „farbloser"
Journalistik. Half Alles nichts, auch die harmlos sich gebenden
Blätter wurden alsbald unterdrückt. Seine Mitarbeit an großen
ausländischen, namentlich amerikanischen Blättern hielt ihn und
seine Familie materiell über Wasser. Als dann in Zürich der
„Sozialdemokrat" gegründet wurde, war Liebknecht der ständige
Mitarbeiter des Blattes.

1879 zog Liebknecht in den sächsischen Landtag ein, dem er bis
1885 und dann von 1889 bis 1892 angehörte; nach seinem Wegzug
nach Berlin wurde ihm das Mandat aberkannt; 1876 war seine Wahl
für ungültig erklärt worden, weil er noch nicht die sächsische Staats=
angehörigkeit besessen.

In der sächsischen Kammer gelang es Liebknecht leicht, sich als=
bald die tiefste Entrüstung der staatserhaltenden Herren zu erwerben,
die bis dahin in ihrer möglichst anspruchslosen gesetzgeberischen
Arbeitsleistung durch keine revolutionäre Ruhestörung gehemmt worden
waren. Er führte vor Allem die Sache der Bergarbeiter, sprach
über die Armengesetzgebung, die Volksschule, das Eisenbahnwesen
und — selbstverständlich die Polizei, über deren Treiben er mit
Bebel zusammen in der Sitzung vom 9. Februar 1883 in einer für
den Historiker jener Zeit bleibend denkwürdigen Weise abrechnete.

Liebknecht war der sächsischen Regierung lästig geworden,
und so verhängte man ohne den mindesten Anlaß 1881 den kleinen
Belagerungszustand über Leipzig — hauptsächlich in der Absicht,
die Agitation für die Reichstagswahlen lahm zu legen. Die Aus=
weisung Liebknechts und Bebels folgte mit der von der Polizei
geübten Pünktlichkeit, als sie aber die Beiden am Bahnhof er=
wartete, waren sie bereits ihrem starken Arm entschwunden. Der
Schlag hatte sie nicht unvorbereitet getroffen, gute Freunde hatten
sie gewarnt, und sie verstanden ihn wirksam zu pariren. Zu Fuß
wanderten sie nach dem benachbarten Borsdorf und dort bezogen
sie das Hauptquartier des Umsturzes, während die Familien in
Leipzig zurückblieben. Liebknecht hauste in Borsdorf bis zu seiner
Uebersiedlung nach Berlin.

Die fast zigeunermäßige Ungebundenheit in Borsdorf, dieses
leichte Gepäck, das seine schrankenlose Freizügigkeit in keinem Augenblick
hemmte, behagte dem „Alten" — das war er inzwischen geworden —
gar nicht so übel. Die „Villa Liebknecht" war ein arg verfallenes
Landhaus, dessen Eigenthümerin eine alte Dame war, die im Dorfe
als „Frau Richter" bekannt war. In Wirklichkeit war es ein

Fräulein Ehrentraut, das einer begüterten Leipziger Familie ent=
stammte. Sie verliebte sich vor 1870 in einen Studenten, der in
den Krieg hinaus mußte, verwundet und geisteskrank wurde. Das
Mädchen kaufte sich in Borsdorf die Besitzung und pflegte dort den
Geliebten bis zu seinem Tode. Allmälig verarmte sie, gerieth in
Schulden und starb bald nach dem Wegzug Liebknechts (1890) in
größter Dürftigkeit, nachdem sie seit Jahren der Dorfjugend ein
Zielpunkt des Spottes gewesen; sie war schließlich in solcher Noth,
daß sie die Obstbäume des Gartens zur Feuerung verwenden mußte.

Die Wohnung Liebknechts bestand aus zwei Zimmern mit zu=
sammen drei Fenstern; später wurde eine zweifenstrige Stube hin=
zugefügt. An Sonntagen und in den Schulferien kam die Familie
aus Leipzig herüber und bevölkerte diese Enge, die zugleich Arbeits=
stube und Boudoir, Küche und Speisezimmer, Empfangssalon und
Wohnstube war. Nächtlich wurden die Kinder in Brettkasten ein=
quartiert. Das Haus war kalt und die lebendigen Mäuse ersetzten
die Ausstattung mit todten Dekorationsgegenständen; sie waren so
frech, daß sie vor den Augen der Einwohner dem darob sehr be=
trübten Kreuzschnabel das Futter aus dem Käfig fraßen. Die Be=
schaffung von Feuerungsmaterial war die Hauptsorge der Familie;
die Kinder schleppten Holz in kleinen Wagen herbei, und die Eltern
kehrten nie aus den Gehölzen des Dorfes — es gab deren drei:
das „Holz", der „Park", und der „Schwanenteich" — zurück, ohne
im Arme sorgsam ein aufgelesenes Reisigbündel zu tragen.

Kamen Gäste, und die fehlten nie, so wurden sie in dem nach=
barlichen Gasthof „Kaffeebaum" angesiedelt; hier versammelten sich
die Parteigenossen, die aus Leipzig herüberkamen, hier die vielen
Freunde, die von Nah und Fern die Borsdorfer Einsiedelei be=
suchten. Hier aber wurde auch der Krieg gegen das Ausnahme=
gesetz organisirt und Rath gepflogen, wie mit List und Humor die
Heldenthaten der Polizei zu durchkreuzen seien. Wer einen Rath
haben wollte oder in einer schwierigen Lage war, suchte Liebknecht
auf und brachte bei ihm sein Anliegen vor. Und wie schön ließen
sich im „Park" die Leitartikel schreiben!

Die fortwährenden polizeilichen Verfolgungen stellten an die
Klugheit und das Geschick der sozialdemokratischen Führer die
höchsten Anforderungen. Alles mußte geheim, unter Tage, ge=
schehen — es war ein politisches Bergmannsleben. Immer neue
Auskunftsmittel mußten ersonnen, Ueberrumpelungen organisirt
werden. Man stand stets mit einem Fuß im Gefängniß. 1881
stand Liebknecht, als Verfasser eines Wahlflugblattes, auch mit
beiden Füßen darin: zwei Monate.

Seit 1887 wurden wieder verschiedene Gründungen von Blättern
versucht, die bald unterdrückt wurden. Erst der „Landtagswähler"
konnte sich erhalten, der dann als „Der Wähler" erweitert, es 1890
auf 13,000 Abonnenten brachte.

In Broschüren und unzähligen Artikeln hat Liebknecht unter den verschiedensten Decknamen während dieser Jahre das Schand=gesetz und das Schandregiment, aus dem es hervorgewachsen, be=kämpft. Das waren Gedanken und Worte, die alle Ketten sprengten, die unter dem Eise den Frühling säten. Seine Schriften bauten den Verfolgten mitten auf dem blutigen Schlachtfeld ein sonniges Eiland, in dem sie, eine hellere Zukunft schauend, Muth, Hoffnung, Kraft erhielten. Dabei gestattete er der leidenschaftlichen Empörung über die Diktatur der Rechtlosigkeit keinen Einfluß auf die Taktik der Partei, die lediglich von nüchternen Erwägungen geleitet war. Als „Vetter Niemand" schrieb Liebknecht die kampfklirrende Schrift „Trutz—Eisenstirn. Erzieherisches aus Puttkamerun." Und hier wehrt er mit kühler Besonnenheit die ungeduldigen Gewaltpolitiker ab: „Das Sozialistengesetz existirt für uns blos als Thatsache, der wir uns, so weit sie uns aufgezwungen ist, fügen müssen, hat aber für uns durchaus keine bindende Kraft, ebenso wenig, wie der Machtspruch irgend eines Banditen, der uns momentan in seiner Gewalt hat. Wir thun, was wir thun müssen, und im Uebrigen pfeifen wir auf das Gesetz . . . Ist aber damit „der Boden des Gesetzes" überhaupt verlassen? In dem Sinne verlassen, daß wir als offene Rebellen der gesetzlichen Ordnung der Dinge den Krieg erklären, und nur noch auf dem Wege der Gewalt und der Verschwörung das Heil zu suchen haben?" Liebknecht verneint die Frage: „Der Sieg unserer Partei ist der Sieg des Menschen=thums. In Anbetracht des hohen Ziels muß uns jedes Mittel recht sein, das uns dem Ziel zuzuführen verspricht. Gesetze, welche gegen uns geschmiedet sind, zu umgehen und zu verletzen, können wir nicht für Unrecht halten. Das Unrecht fällt auf Die=jenigen zurück, welche diese Gesetze gemacht haben . . . . Das Kriterium der Zweckmäßigkeit ist in Fragen der Taktik das einzig giltige. Da ruft freilich vielleicht ein Heißsporn aus: „Holla, das ist ja der reinste Opportunismus!" Warum nicht? Die lächer=lichste Gespensterfurcht ist die Furcht vor gewissen Wörtern und Phrasen, wie andererseits der gefährlichste Götzenkultus die Anbetung gewisser Wörter und Phrasen ist. Wir müssen die Sklaverei der Wörter brechen, uns von der Phrase emanzipiren. Hie Opportunismus! Hie Revolution. Als ob Eines das Andere ausschlösse . . . . . Opportunismus heißt Zweckmäßigkeits=politik . . . Und jeder Mensch, der im Besitz seiner fünf Sinne ist, huldigt dem Opportunismus, ist ein Opportunist." Es sei Wahnsinn, wenn 800 000 Sozialdemokraten gegen 6 Millionen Feinde Gewalt versuchen wollten: „Das allgemeine Stimmrecht setzt an die Stelle der Agitation der Barrikaden und Putsche die Agitation der Propaganda." Es handle sich darum, die Majorität zu erwerben. „Die sozialistische Minorität muß zur Majorität werden, oder mindestens die Majorität geistig und moralisch beherrschen. Das ist das Ziel."

1888 wurde Liebknecht an Stelle Hasenclevers im sechsten Berliner Wahlkreise gewählt, den er bis zu seinem Tode behielt.

Reisen nach der Schweiz, Frankreich und England, endlich seine Agitationsfahrt nach Amerika, woher er das meerfrische mit reichen Beobachtungen und blitzenden Einfällen gesättigte Plauderbuch „Ein Blick in die Neue Welt" mitbrachte, unterbrachen für kurze Zeiten die Borsdorfer Idylle.

„Die deutsche Sozialdemokratie wandert nicht aus; sie kämpft da, wo der Feind ihr das Schlachtfeld angewiesen hat. Sie sucht nicht in fremden Landen die Verwirklichung ihrer Ideale — sie kämpft in der Heimath, in der alten Welt — und in der alten Welt wird sie siegreich erkämpfen die Neue Welt — die Neue Welt der Freiheit, Gleichheit, Brüderlichkeit und sozialen Ordnung." So schloß Liebknecht „Irgendwo im September 1886" in seiner Flugschrift „Warum verfolgt man uns! Zur Naturgeschichte des Sozialisten= gesetzes. Puttkamer und den Puttkämerlingen gewidmet."

Und die Küsten dieser Neuen Welt rückten näher.

VIII. Das letzte Jahrzehnt.

Das Sozialistengesetz hatte die Partei zur Unüberwindlichkeit erzogen. Liebknecht erlebte es noch, daß sie auch der Zahl nach die stärkste deutsche Partei wurde. Er selbst wurde mit der größten in Deutschland für einen Abgeordneten abgegebenen Stimmenzahl gewählt. 1893 vereinigte er 51569, 1898 58778 Stimmen auf sich und häufte damit in seiner Person eigentlich 10 Mandate.

Das von der Arbeiterschaft längst entnervte Sozialistengesetz wurde nicht mehr erneuert, Bismarck war aus dem Amte gejagt worden — das ist der zutreffende Ausdruck für seine Entlassung —, Liebknecht empfand jenes beglückende Siegesgefühl, das ihm zwei Jahrzehnte früher bei der Nachricht von der Erklärung der Republik in Frankreich die Thränen in die Augen getrieben. Das verhaßte System war in der Person Bismarcks zerschmettert, die Sozial= demokratie streifte im Triumph das Bischen Fessel ab, die das Ausnahmegesetz für sie noch bedeutete, und Liebknecht genoß den ungeheuren Erfolg der Sache wie einen persönlichen Sieg. Freilich, die Epigonen des herrschenden Systems lebten noch; es war schließlich nur ein Bismärckisches Rezept, daß der „neue Kurs" es zur Ab= wechslung wieder einmal mit der ködernden List der „Vogelkojen" probirte und mit großen sozialen Programmworten das Proletariat abtrünnig zu machen suchte. Bald lenkte man wieder in die alten Wege ein, nur zerfahrener, nervöser, tölpelhafter. Es kam die Scharfmacherei, das Umsturzgesetz, die Vereinsnovelle, die Zuchthaus= vorlage, diese Ausnahmegesetze, deren Scheitern durch eine Ausnahme=

juſtiz wett gemacht wurde, und ſchließlich — alle Laſter und Thor=
heiten vereinigend — die Weltpolitik. Da war kein Anlaß auf den
Erfolgen auszuruhen.

Die Nothwendigkeit, die Chefredaktion des in Berlin erſcheinenden
Zentralorgans der Partei — ſeit 1. Januar 1891 „Vorwärts" ge=
nannt — zu übernehmen, zwang Liebknecht, Leipzig zu verlaſſen,
wohin er eben erſt — nach Aufhebung des kleinen Belagerungs=
zuſtandes — von Borsdorf übergeſiedelt war. Nur ſchwer hatte er
ſich entſchloſſen; an Leipzig hing ſein Herz, Berlin war ihm fremd.
Bald aber wurde ihm Berlin eine neue Heimath: ſeine reiche
journaliſtiſche und parlamentariſche Thätigkeit, die unendliche Liebe,
die er ſich in der Berliner Arbeiterſchaft erwarb, der zwangloſe
geſellige Verkehr und — der Grunewald machten ihm Berlin all=
mälig werth und wohnlich.

Mit einem weitausſchauenden Plan begann er ſeine Berliner
Thätigkeit. Am 12. Januar 1891 wurde, nach einer begeiſternden
Rede Liebknechts, die Berliner Arbeiterbildungsſchule gegründet,
als eine Pflanzſtätte proletariſcher Bildung. In jungem Idealismus
entflammte wieder der alte Schulmeiſter, deſſen Ziel es immer
war, Maſſen zu menſchlicher Größe zu erziehen. Die Arbeiterſchule
ſoll — ſo ſchrieb Liebknecht in der „Neuen Zeit" —, „die Wirkungen
und Früchte der herrſchenden Dreſſir= und Fanatiſir=Erziehungs=
methode mit Stumpf und Stiel beſeitigen. Denn mit dreſſirten
und fanatiſirten Menſchen iſt nichts zu erreichen — außer höchſtens
trügeriſche Augenblickserfolge . . . Die Arbeiterſchule ſoll M e n ſ ch e n
erziehen und K ä m p f e r." Die „Berliner Volkstribüne" hatte einen
ironiſchen Artikel über das Projekt veröffentlicht. „Wir ſind eine
k ä m p f e n d e Partei" — hatte das Blatt gegenüber allzu ſtarken
Bildungsbeſtrebungen geäußert. „Eben deshalb!" — ſchrieb Liebknecht
knapp und treffend an den Rand der Zeitungsnummer. Hatte aber
die „Volkstribüne" nicht dennoch Recht mit ihren Zweifeln? Der
Plan Liebknechts ließ ſich in dem urſprünglichen großen Stil unter
der Ungunſt der Verhältniſſe nicht voll verwirklichen. Damit wurde
er jedoch nicht widerlegt. Ohne Wiſſenſchaft keine fruchtbare Arbeiter=
bewegung. Es iſt eine der werthvollſten Lehren Liebknechts, die
niemals vergeſſen werden darf, daß Theorie und Praxis in unlös=
barem Zuſammenhang ſtehen müſſen. Der Praktiker, der auf die
graue Theorie ſchilt, iſt bewußt oder unbewußt der gefährlichſte und
zugleich niedrigſte Verführer. Die Theorie, ſofern ſie wiſſenſchaftlich
iſt und nicht blos ein müßiges Hirngeſpinnſt, iſt ja nichts anderes
wie die einheitliche und umfaſſende Erkenntniß und die dadurch
ermöglichte Leitung der Praxis. Eine Theorie, die den Anſpruch
auf Werth zu erheben berechtigt iſt, ſteht mit keiner einzigen w i r t=
l i ch e n, d. h. genau und richtig beobachteten Thatſache im Wider=
ſpruch. Keine Thatſache aber kann an ſich für die politiſche
Handlungsweiſe beſtimmend ſein, ſofern ſie nicht in einer Einheit

der Erfahrung, d. h. theoretisch-wissenschaftlich aufgenommen, geordnet, erschlossen wird. Eine Theorie ohne die Thatsachen der Erfahrung ist der luftleere Raum! Umgekehrt ist die bloße Anbetung scheinbarer Thatsachen ohne die klärende und führende Einheit der Theorie purer Schwachsinn; wer zu solcher Beschränkung räth, fordert uns auf, zu gehen, ohne daß wir wissen, wohin wir gehen sollen, stellt uns vor das Räderwerk einer Maschine, deren Funktionen wir nicht kennen. Verachte nur Vernunft und Wissenschaft — diese Lehre des Mephistopheles ist am meisten geeignet, die Herrschaft des Teufels der Unterdrückung und Ausbeutung über die Massen für alle Zeiten zu sichern. Theorie und Praxis sind nur zwei Seiten desselben untrennbaren Ganzen. Wer die Praxis gegen die Theorie ausspielt, der will irgend eine elende „Praxis" vor der vernichtenden Kritik der Vernunft, vor der zerstörenden Theorie retten. Wissen ist Macht — das war der Leitgedanke der volkserziehenden Thätigkeit Liebknechts. Das war sein Weltschulmeisteramt, dem es in erster Linie zu verdanken ist, daß die moderne Arbeiterbewegung die größte Menschheitsbewegung geworden und geblieben ist.

Diese klare Erkenntniß, daß die Politik eine Wissenschaft sei, nach strengen Regeln und Gesetzen, befähigte Liebknecht in den inneren Wirren, die die Partei nach dem Erlöschen des Sozialistengesetzes zu bestehen hatte, die scheinradikalen Unklarheiten wie realpolitische Augenblicksstimmungen erfolgreich zu bekämpfen. Er selbst hat sein ganzes Leben hindurch ja für sich an dieser immer engeren Verbindung von unbeugsamer revolutionärer Prinzipienfestigkeit und praktischer Thätigkeit gearbeitet, aber ganz vollständig hat er nie den Zwist ausgeglichen zwischen den alten Stimmungen bürgerlich-demokratischen Protestlerthums und der in immer stärkerem Maße von ihm erkannten Nothwendigkeit, mit allen taktischen Mitteln auf allen Gebieten den sozialistischen Gegenwartsforderungen Haltung zu verschaffen. Diese Zwiespältigkeit erklärt mancherlei Widersprüche in Liebknechts parteipolitischer Thätigkeit, die aber für den objektiven Beurtheiler seiner historischen Entwickelung durchaus erklärlich sind, ja die für die Partei insofern von erheblichem Vortheil gewesen sind, als sie immer wieder zu kritischer Selbstbesinnung veranlaßten und das Abirren nach links und rechts vermeiden lehrten. Auf dem Erfurter Parteitag (1891) wehrte Liebknecht mit großer Entschiedenheit und wuchtiger Beredsamkeit die halb- und ganzanarchistischen Bestrebungen ab: „Wenn wir auf das Moment der mechanischen Gewalt den Hauptnachdruck legten, dann stellen wir uns auf den Standpunkt unserer Feinde. Bismarck war der Mann der brutalen Gewalt, der Mann der Blut- und Eisenpolitik. Niemand hat je über größere Beredsamkeit verfügt und je einen unskrupulöseren Gebrauch von ihnen gemacht. Und der Erfolg? Wo ist er hin? Er hatte über ein Vierteljahr-

hundert lang die Polizei, die Armeen, das Kapital, die Staats=
gewalt, kurz alle mechanischen Machtmittel zu unbeschränkter Ver=
fügung; wir konnten ihm nichts entgegensetzen als unser gutes
Recht, unsere gute Ueberzeugung, die nackte Brust, und wir haben
gesiegt. Unsere Waffen waren die besseren.   Auf die Dauer muß
die brutale Gewalt den moralischen Faktoren, der Logik der That=
sachen weichen . . . Das Revolutionäre liegt nicht in den Mitteln,
sondern in dem Ziel. Gewalt ist seit Jahrtausenden ein reaktionärer
Faktor." — Aber mit nicht minderer Entschlossenheit lehrte sich Lieb=
knecht auf dem Erfurter Parteitag gegen jede Abschwächung und
Trübung des Prinzips zu Gunsten augenblicklicher Erfolge.

In rastloser Thätigkeit rauschte das ungebrochene Greisenalter
Liebknechts dahin. In unzähligen Versammlungen hat er zu den
Massen gesprochen, beschwerliche Agitationsreisen waren für ihn
Lustfahrten, der Reichstag sah ihn stets auf seinem Platz, obwohl man
den Eindruck hatte, der Alte sei jeden Tag an einem anderen Orte
Deutschlands, und die Feder rastete keinen Augenblick, dieses Gehirn
kannte keine Erschlaffung und Erkaltung. Auch ins Gefängniß
mußte der Siebzigjährige noch einmal auf 4 Monate; er hatte das
dolus eventualis-Verbrechen begangen, eine Majestätsbeleidigung
vermeiden zu wollen. Das war seine letzte „Strafe"; ein späterer
Versuch, ihm noch einmal wegen Majestätsbeleidigung einen Prozeß
anzuhängen, erstickte in den ersten Anfängen.

Der 70. Geburtstag Liebknechts war ein Weltfeiertag des
Proletariats. Von seinen Studien= und Agitationsreisen nach
England und Holland kam er mit jenen wunderbar lebendigen
Schilderungen zurück, die den genialen Feuilletonisten zeigten.
Endlich in seinem Todesjahr — im Februar 1900 — erfüllte sich
ihm noch eine große Sehnsucht: ein wohlhabender Freund ermög=
lichte ihm seine italienische Reise, die er nicht mehr, wie er beab=
sichtigt, hat darstellen können; nur Briefe, Postkarten und vereinzelte
Notizen sind als zerstreutes Material erhalten, aus dem nur seine
Hand ein farbenreiches Kunstwerk zu fügen vermocht hätte. Als
er gebräunt und jünger denn je zurückkehrte, sprach er wehmüthig
von seinem „verlorenen Paradies". Uns aber, die wir seine wie
aus einem Jungbrunnen neu erstandene Lebenskraft sahen, bestärkte
sich das Gefühl, daß dieser Mann niemals aus dem rosigen Lichte
der Sonne entführt werden könne.

Und dann hat ihn der Tod doch bewältigt, im Schlafe, in der
Frühe des 7. August 1900, in seinem Heim zu Charlottenburg.

Die Kunde flog durch die Stadt, durch das Land, über die
Erde. Niemand glaubte sie Anfangs — man konnte sich Liebknecht
nicht aus dem Leben hinwegdenken. Dann aber kamen in endloser
Fülle die Zeichen der Trauer, der Freundschaft, der Begeisterung:
Tausende von Telegrammen aus allen Staaten Europas, aus
Amerika und Australien, zahllose Kränze, Gedichte, die ungelenk

geschrieben, formlos, doch aus tiefem Gefühl die Stimmung des
Volkes zum Ausdruck brachten — und alles dies um eines Vater=
landslosen, eines Hochverräthers, eines Hetzers und Zeitungs=
schreibers Willen. Als man ruhiger geworden, versuchte man die
Persönlichkeit des Todten sich zu vergegenwärtigen, den öffentlichen
Charakter und den Menschen . . . . .

Der Agitator und Aufklärer erschien in seiner nie er=
müdenden Thätigkeit. Die geistige Arbeit seines Lebens vertheilte
er an die Massen, ohne zu knausern, so gut er es nur vermochte.
Was er wußte, sollte Gemeingut werden. Er lehrte das Volk den
Sinn der Geschichte, die Bedingungen ihrer Existenz, die Wege zur
Zukunft. Er predigte den Haß gegen das Gemeine, gegen die
Ideallosigkeit, gegen das stumpfe Dahinbrüten. Alle Schleier
schienen sich unter seinen Worten von den Köpfen zu lösen; wenn
er mit zwingender Logik, in großen Linien, mit idealistischer Be=
geisterung gesprochen, dann lebte in jedem Bewußtsein das eine
Gefühl: Ja, so ist es, so muß es sein. Für Unzählige bedeutete
eine Rede Liebknechts die geistige Geburt, die Menschwerdung.

Weiter: sein eigentlicher Beruf, die Schriftstellerei und der
Journalismus. Seitdem er seinen ersten Zeitungsartikel über die
Junischlacht geschrieben, führte er 50 Jahre lang die Feder, die ihm
immer nur ein Organ des menschlichen Freiheitskampfes war, nicht
das Mittel eines Gewerbes. Er war nie ein Zeitungsredakteur im
Sinne des Handwerks; dazu fehlte ihm die geduldige Seßhaftig=
keit — einen fahrenden Ritter des Geistes konnte man ihn eher
nennen. Niemand hatte eine höhere Auffassung von der Bedeutung
der Tagespresse, deren Aufgabe für ihn ein Doppelziel war: Be=
lehren und Aufrütteln! Dem niedrigen Unterhaltungsbedürfniß
machte er ebenso wenig Konzessionen, wie der sensationellen Neuig=
keitskrämerei und dem demagogischen Appell an unedle Instinkte.
„Die Zeitungen sind nicht in erster Linie Geldquellen, sondern wir
müssen damit unsere Ideen verfechten und verbreiten. Unser ge=
fährlichster Feind ist nicht das stehende Heer der Soldaten, sondern
das stehende Heer der feindlichen Presse. Unsere beste und einzige
Waffe gegen die feindliche Presse ist unsere Presse; solange wir
sie haben, wird sie die Fahne sein, um die wir uns schaaren können,
selbst wenn die Organisation aufgelöst würde." So sprach Lieb=
knecht auf dem Gothaer Einigungskongreß.

Niemals fehlte Liebknecht ein zündendes Wort, ein packender
Vergleich, eine großartige Perspektive. Seine Sätze marschirten
straff und stark, es war in ihnen der Rhythmus sturmflatternder
Fahnen. Eine schöne Volksthümlichkeit, die doch an den Leser die
höchsten Ansprüche stellte und niemals ins Gewöhnliche sank, ver=
einigte sich mit einer seltenen Reinheit und Klarheit der Sprache.
Ein Journalist, der „nicht schreiben konnte", war für Liebknecht auch
ein stilloser Charakter.

Unübersehbar schier ist die Menge seiner Flugschriften*), die vielfach — wie die bekanntesten: „Wissen ist Macht" und „Zu Schutz und Trutz" — zu elementaren Lehrbüchern des Proletariats geworden sind, an denen sich auch der junge Nachwuchs der Agitatoren und Redakteure schulte. Er hat alle prinzipiellen und taktischen Fragen der Partei erörtert, in prächtiger Eindringlichkeit unsere Ziele gezeichnet, zu jeder bedeutsamen Tagesfrage Stellung genommen, die Probleme der Zeit untersucht. Seine Reisen und Lebensereignisse hat er mit unerschöpflichem Humor saftgrün geschildert, gelegentlich hat er auch den Zukunftsstaat phantasievoll und nüchtern zugleich in klaren Umrissen entworfen, und in Broschüren und verstreuten Kalenderartikeln hervorragende Führer der Menschheit und des Sozialismus charakterisirt, Marx, Engels, Hebert, Owen u. A. m.

Alles aber sind nur Gelegenheitsarbeiten, die Ansprüche des Tages verwehrten es, die reichen Einzelheiten, die impressionistischen Einfälle und seinen Gedanken einheitlich abschließend zu gestalten. Liebknecht hat einmal wohl melancholisch geäußert, wie der Politiker in ihm den Mann der Wissenschaft aufgesogen habe, während er seiner Neigung nach eigentlich ein stiller Gelehrter hätte sein mögen. Unter der Hast der Entstehung haben auch seine größeren historischen Werke gelitten — er konnte die Muße nur nehmen, wie sie sich ihm bot: im Gefängniß, im Eisenbahnwagen, in der Schiffskabine, auf der Wanderung. Völlig ausgereift ist kein Buch — der Reichthum des Einzelnen muß über die Mängel der Komposition hinweghelfen. Darum mischen sich auch ein wenig grell die Stilarten: der humoristisch schweifende Plauderer, der befeuernde Agitator.

---

*) Von seinen Broschüren und größeren Schriften nennen wir: Ueber die politische Stellung der Sozialdemokratie (1869). — Zu Trutz und Schutz (1871). — Wissen ist Macht — Macht ist Wissen (1872). — Zur Grund- und Bodenfrage (1870, in erweiterter Form 1874). — Was ich im Berliner „Reichstag" sagte (1867). — Zur orientalischen Frage oder Soll Europa kosackisch werden? (1878). — Das Briefgeheimniß vor dem Deutschen Reichstag (1878 und 1880). — Die Katastrophe im Brückenbergschacht. — Das Alters- und Invalidenversicherungsgesetz (1888). — Trutz Eisenstirn, Erzieherisches aus Puttkamerun vom Vetter Niemand (1890). — Warum verfolgt man uns! (1886). — Volksfremdwörterbuch (1874). — Die Emser Depesche oder: Wie Kriege gemacht werden. — Robert Blum und seine Zeit (1888. — 3. Aufl. 1896). — Anarchismus, Sozialdemokratie und revolutionäre Taktik. — Geschichte der französischen Revolution im Abrisse und in Skizzen (1889. Erschienen sind nur 6 Lieferungen). — Hochverrathsprozeß (1894. — Daraus einzeln: Hochverrath und Revolution 1887 und 1892). — Zum 18. März und Verwandtes. Zum Jubeljahr der Märzrevolution (1898). — Ein Blick in die Neue Welt (1887). — Was die Sozialdemokraten sind und was sie wollen. — Zur politischen Farbenlehre. Ein Schauspiel in drei Akten (1889. Mit der naturgetreuen Abbildung eines für staatsgefährlich erklärten rothen Schnupftuchs). — Robert Owen (1892). — Karl Marx zum Gedächtniß (1896). — Der Prozeß Liebknecht (Majestätsbeleidigung 1896). — Kein Kompromiß, kein Wahlbündniß (1899). — Weltpolitik, Chinawirren, Transvaalkrieg (1900).

der journalistische Polemiker, der advokatische Dialektiker, der geschichtsphilosophische Freskomaler und der belehrende Erzieher vereinigen sich in dem Stil seiner umfassenden Geschichtswerke. So empfinden wir bald die knappe Wucht des Leitartikels, die unterrichtend werbende und begeisternde Volksrede, die polemisch abwehrende oder höhnende Notiz, die beschauliche Beobachtung der Menschen und Dinge, den liebenswürdigen Briefschreiber, das Plaidoyer des Staatsanwalts oder Vertheidigers. Uebrigens wäre Liebknecht ein vorzüglicher Advokat geworden. Es gab für ihn keine dialektische Verlegenheit. „Mich hat niemals Jemand fest= genagelt," sagte er einmal lachend, als ihn bei einer Diskussion über die Stellungnahme zu einer parteipolitischen Frage sein Gegner und Genosse auf einen Widerspruch festgelegt glaubte und dieser behauptete, er habe ihn endlich einmal in den Daumen= schrauben des unentrinnbaren Widerspruchs; und wirklich, mit einem überraschenden Einfall zog sich der Alte schnell, leicht und elegant aus der dialektischen Zwangslage. In der Sieghaftigkeit der Beweisführung glich Liebknecht dem spiritistischen Medium, das sich mit fingerdicken Seilen binden läßt und plötzlich mit einem Ruck sich aller Fesseln entledigt. In seiner dialektischen Unüberwindlichkeit verkörperte er die Unzerstörbarkeit der sozialistischen Anschauung.

Als Historiker von Buckle beeinflußt, widmete er sein Haupt= interesse der Geschichte der Revolutionen. Das tolle Jahr hat er in seinem „Robert Blum" und kleineren Schriften lebensvoll dar= gestellt. Die große französische Revolution bildete das Studium seines Lebens; er hat viel Material gesammelt, als er 1888 in Folge einer Anregung seines Schwiegersohnes Geiser daran ging, diese gewaltige Menschheitswende darzustellen, mußte die Arbeit nach wenigen Heften aus äußeren Gründen abgebrochen werden. Die Anfänge verheißen ein Werk von grandioser Kraft; es wäre vielleicht sein unvergängliches literarisches Erbe geworden. Die im Nachlaß vorhandenen Materialien zu diesem Buch können den Ver= lust nicht ersetzen.

Als Politiker und Parlamentarier hat Liebknecht stets die Gefahr vermieden, über den aufdringlichen Forderungen des Moments die großen Grundsätze zu verlieren. Er war das Gegen= theil eines Justemilieu=Staatsmannes, eines Sammelpolitikers. Liebknecht hatte die herrliche Eigenschaft, sich persönlich in jedes, auch das widrigste Lebensverhältniß zu schicken, politisch aber sich niemals an das Empörende zu gewöhnen; die lange Dauer eines unerträglichen Zustandes verminderte nicht sein Feingefühl für die Unerträglichkeit. Worin Andere sich allmälig gefunden hatten, nach= dem es sie zuerst stark erregt, das blieb für Liebknecht immer neu und immer gleich erbitternd. Darum fielen seine parlamentarischen Reden häufig so fremd in die laue Temperamentlosigkeit unseres Reichstags. Wenn Andere sich mit der Kritik begnügten, er fühlte sich als Ankläger. Seine starken Worte und heftigen Angriffe wirkten — in der parlamentarischen Stagnation — häufig luftreinigend, befreiend und waren deshalb verdienstvoller als die ruhige sachliche Auseinandersetzung. Seine Reden verschärften das Gefühl für unsere Zustände, sie zeigten die Distanz zwischen dem Ideal und der Wirklichkeit. Es war eine Erlösung, als Liebknecht am Schlusse der letzten Reichstagssession, in seiner letzten parlamentarischen Rede, endlich einige derbe Wahrheiten über das herrschende Regiment sagte — diese Verstöße gegen die entsetzliche parlamentarische Prüderie durchbrachen gewitterhaft die Schwüle. Liebknecht war glücklicher Weise kein gezähmter Parlamentarier, der mit möglichster Gerissenheit und Zahmheit die politischen Tagesgeschäfte abwickelt.

Besonderes Interesse hatte Liebknecht stets für die auswärtige Politik. Die Schriften des Engländers Urquhart hatten seine Auffassung entscheidend bestimmt. Der Kampf gegen die russische Weltmacht war seine Hauptaufgabe. Soll Europa kosackisch werden? — diese Frage stellte er immer wieder. Man kann im Zweifel sein, ob nicht Napoleons Wort sich erfüllt hat, und Europa inzwischen wirklich kosackisch geworden ist. Als ein Mann, der ein selbständiges Urtheil über die internationale Politik hatte, war Liebknecht parlamentarisch „ohne Konkurrenz". Im Reichstag wie in der bürgerlichen Presse begiebt man sich überhaupt jeden Urtheils in der auswärtigen Politik. Kein selbständiges Denken — nur das Papageienecho ministerieller Weisheiten wagt sich noch hervor.

„Menschlichkeit ist die beste Politik," schreibt Liebknecht einmal. Sie ist, könnte man hinzufügen, die einzig mögliche Politik. Auf dem Grunde der Humanität, die keine Ausnahme und keine Verletzungen duldet, ruhte sicher und unbeirrt das Wirken Liebknechts.

Und menschlich war auch der Mensch. Sein Charakter war nicht leicht zu durchschauen, eine gewisse Zwiespältigkeit rang in ihm, wie auch in seiner äußeren Erscheinung: Die idealistische Stirn unter dem vollen, welligen, nicht erblichenen Haar, das gütige Auge, das erregt, doch in rauher Leidenschaft blickte, die strengen tiefen Furchen, die von der Nase ausgingen, der derbe, ein wenig schief gestellte Mund und die weiche, zarte Hand — das war eine Mischung von Mildem und Hartem, die auch in seinem Wesen wiederkehrte.

Ein rüstiger Wanderer, ein sinniger und zarter Naturfreund, der sich aus dem Gefängniß wie von den Reisen nach dem Gedeihen der häuslichen Blumen, Vögel und Laubfrösche besorgt erkundigt, ein Träumer und Phantast, Sagenerzähler und Märchenerfinder, der sich sein materielles Elend poetisch vergoldet, ein unendlich liebevoller Schützer der Familie und Kinderschwärmer — dabei zugleich der harte Kämpfer, der vor keiner Kränkung des Feindes zurückschreckte, der unerbittliche Hasser und der — gläubige Apostel der Kulturbegeisterung.

Für seine Person kannte Liebknecht keine Ansprüche, er war mit Allem zufrieden und entzückte sich am Geringsten. Er hat nie einen Schlips getragen, geschweige einen Frack, und als er an einem zeisiggrünen Röcklein gar zu zäh hing, mußte er parteiamtlich aus dem geliebten Kleidungsstück expropriirt werden. Er sah mit Dichteraugen strahlende Märchenschlösser, wo die Philister nur jämmerliche Baracken bemerken konnten. Er liebte die großen Klassiker der Litteratur, in deren Andacht er seine Kinder erzog, vornehmlich rührte ihn alles Volksmäßige, Volkslieder und Märchen.

Ganz spurlos waren auch an diesem undurchdringlichen Mann die endlosen Verfolgungen und Verleumdungen nicht vorübergegangen. Er neigte bisweilen zu Mißtrauen und sah Intriguen, wo keine waren. Hatte er sich aber aus solcher Stimmung zu unbilligen Angriffen gegen Freunde hinreißen lassen, so war er auch der Erste, der die Hand zur Versöhnung reichte. War aber ein Kamerad im Gedränge, so war Niemand hilfsbereiter als Wilhelm Liebknecht. Das „Heraushauen" gefährdeter Kameraden war seine größte Freude. Aus diesem Charakterzug erklärt sich manche sonst unbegreifliche Wunderlichkeit seiner politischen Wirksamkeit, so der „Fall Dreyfus". Ihn leitete nicht allein der Ekel über die Heuchelei der bürgerlichen Blätter, dieser Quartalssäufer der Tugend, die sich von Zeit zu Zeit an sittlicher Entrüstung berauschen müssen, während sie sonst alle Korruption fördern. Nein, es galt auch besonders die alten französischen Parteifreunde „herauszuhauen", die sich durch ihre anfängliche Abstinenz in eine bedenkliche Lage gebracht hatten. Unter diesem psychologischen Einfluß sah er den Fall Dreyfus anders wie die andern, und er, der um des unglücklichen Ziethen Willen sogar einmal den peinlichen Weg zu einem Minister gegangen war, wurde der Held der französischen Nationalisten, Jesuiten und Generalstäbler, der Schuldigen eines grauenvollen Justizfrevels. Liebknecht war bis zu seinem Tode überzeugt, daß er seine Kameraden in Wirklichkeit „herausgehauen" hätte.

Die ungeheure Aufregung, die seine Dreyfus-Artikel in Frankreich hervorriefen, obwohl sie in einer kleinen Wiener Wochenschrift erschienen waren und kein deutsches sozialistisches Blatt seine seltsame Meinung theilte, zeigt an einem Beispiel, welche große internationale Geltung Liebknecht hatte. In ihm stirbt der unersetzliche Träger der Internationale. Sein Briefwechsel mit den Parteigenossen im Ausland übertrifft vielleicht an Umfang Alles, was aus seiner Feder zum Druck gelangt ist. Es ist charakteristisch, daß bei seinem Tode fast jedes Parteiblatt des Auslandes einen Brief Liebknechts abdrucken konnte, der an die Redaktion in den letzten Wochen seines Lebens geschrieben war.

Liebknecht umfaßte mit gleicher Liebe die verschiedenen Völkerindividualitäten: ein wahrhaft Nationaler. Und diese Neigung wurde erwiedert. Die Polen liebten ihn, weil er stets für ihre

Unabhängigkeit und gegen ihre gewaltsame Entnationalisirung ein-
getreten war. Die Franzosen vergaßen nie sein heldenmüthiges
Verhalten 1870. Die Dänen waren ihm dankbar, daß er die rohe
und dumme Germanisirungspolitik bekämpfte. Die russische
Intelligenz war für ihn begeistert, weil er in dem Zarismus den
Todfeind aller Zivilisation befehdete. Engländer und Amerikaner
verehrten ihn als den feurigen Lobredner ihrer bürgerlichen Freiheit.
In der Türkei, deren Volk er schätzte und die er gegen die russischen
Intriguen und Greuelmärchen vertheidigte, genoß er solche Hoch-
schätzung, daß er beinahe einen hohen türkischen Orden erhalten
haben würde, wenn er nicht abgewinkt hätte. Als Japan sich eine
Verfassung gab, holte man sein Gutachten ein, lernte aber nur
wenig von ihm; denn die japanische Verfassung ist sehr reaktionär.

So war Liebknecht die Verkörperung des internationalen
Gedankens, weil er wahrhaft national war, weil er der Verehrer
alles Guten, Schönen, Starken, der gerechte Anwalt aller Unterdrückten war, der Menschen, der Klassen, der Völker.

*   *   *

Am Sonntag nach seinem Tode wurde Liebknecht zu Grabe
geleitet. Die Welt folgte ihm — ein Zug der Liebe, gewaltig
durch seine Masse, seinen Ernst, seine Prunklosigkeit. Aus allen
Staaten Europas waren Vertreter des Proletariats gekommen.
Zwei arme Textilarbeiter aus Lille betheiligten sich am Zuge; sie
waren Tag und Nacht gefahren und vom Bahnhof unmittelbar
zum Trauerhause geeilt — zum Sterben erschöpft, marschirten sie
mit, die langen $5^{1}/_{2}$ Stunden, durch das ganze Riesenreich Berlins,
vom Staub und Sonnenbrand niedergedrückt, aber keine Ueber-
redung konnte sie dazu bewegen, einen Wagen zu benutzen.

Als der Tag schon im Sinken war, erreichten wir die feier-
liche Ruhe des grünen Todtenhains. Weich hallte die wehmüthig-
süße Weise von Chopins Trauermarsch. Ein Reich des Traumes
erschloß sich uns, wie gebannt schritten wir durch diese endlose
Wunderstraße von blühenden Kränzen und rothen Schleifen, in
deren goldenen Widmungen die Abendsonne leuchtete, und Aller
Augen schimmerten . . . .

Nun ruht der ruhelose Wilhelm Liebknecht in der Unsterblichkeit
seines Wirkens, in seinem Jenseits, das die Menschheit ist — lebend!

———•◄▮▮▮►•———

Druck von Max Bading, Berlin S.W

FSC
www.fsc.org

MIX

Papier | Fördert
gute Waldnutzung

FSC® C083411

Zeitfracht Medien GmbH
Ferdinand-Jühlke-Straße 7
99095 Erfurt, Deutschland
produktsicherheit@kolibri360.de

Druck:
CPI Druckdienstleistungen GmbH
im Auftrag der
Zeitfracht Medien GmbH
Ein Unternehmen der Zeitfracht - Gruppe
Ferdinand-Jühlke-Str. 7
99095 Erfurt